ADHDの若者のための
マインドフルネス
ワークブック

ADHD IN TEENS & YOUNG ADULTS:
A Mindfulness Based Workbook to Keep You ANCHORED
by Melissa Springstead Cahill

あなたを"今ここ"につなぎとめるために

メリッサ・スプリングステッド・カーヒル *著
中野有美 *監訳
勝野飛鳥 *訳

Ψ
金剛出版

ADHD In Teens and Young Adults: A Mindfulness Based Workbook to Keep You ANCHORED
by Melissa Springstead Cahill

Copyright © 2019 by Melissa Springstead Cahill
Japanese translation rights arranged with PESI, INC.
through Japan UNI Agency, Inc., Tokyo

著者について

　メリッサ・スプリングステッド・カーヒル博士（心理学博士）（Melissa Springstead Cahill, PsyD）は，カリフォルニア州パサディナ（Pasadena）の「アンカー・チルドレン＆ファミリー・カウンセリング（Anchor Children and Family Counseling）」のオーナーであり，代表である。過去 12 年間，思春期の心理社会的・精神的健康ニーズにキャリアを捧げてきた。ADHD，学習障害，その他の教育上の障害に悩む人たちとの関わりを専門としている。カーヒル博士は，南カリフォルニア大学から夫婦・家族療法で修士号を取得し，シカゴ心理学プロフェッショナルスクール（高度専門職養成大学院）から心理学の博士号を取得した。カーヒル博士はクライアントと直接関わるほか，「アンカー・チルドレン＆ファミリー・カウンセリング」が主催するイベントにしばしば姿を現している。イベントでは，ロサンゼルス大都市圏の学校，非営利団体，および多数の専門機関に対しメンタルヘルスとウェルネスに関するさまざまな話題を提示している。

献辞

　この本を，学校で苦労し，将来についておびえている皆さんに捧げます。熱心に努力を積み重ねることで，やろうと決めたらどんなことでも成し遂げることができるでしょう。将来を見据え，心を開いて，夢を追いかけましょう！

目　次

序論　臨床医，心理職，医療関係者の方々へ

ADHD の概要

　注意欠如・多動症／注意欠如・多動性障害（ADHD : Attention-Deficit/Hyperactivity Disorder）は，最も興味を引く精神障害のひとつであり，また，間違いなく最も多くみられる精神障害のひとつです。精神科診断に関してはまだ比較的新しいカテゴリーですが，その症状は 19 世紀以来多く記述されています。したがって，不注意，過活動，衝動性を含む，ADHD の最も一般的な症状は，現在メンタルヘルス領域に従事している臨床医やサポートスタッフの多くの方には，よく知られています。ADHD に対する認知度が高まるにつれて，診断数は急増しました。1996 年には，国立精神衛生研究所は 9 歳から 17 歳までの米国の子どもの 4.1％が ADHD に罹患していると推定しました（Strock, 2006）が，この数字は 2003 年までには，20 人に 1 人にまで上昇しています（Faraone et al., 2003）。別の推計では，米国での罹患率は学齢期の子どもの 11 人に 1 人，という高い数字である可能性が示唆されています（Pastor et al., 2015）。

　現在，ADHD は神経生物学的要因と遺伝的要因の組み合わせによって引き起こされる慢性の障害と考えられています。しかし，私の臨床実践でわかったことは，一般の人々の多くが，特に，より重症の脳疾患（たとえば，パーキンソン病，てんかん，統合失調症ですが，これに限定されるものではありません）と比較して，ADHD を「重篤でない」精神状態であると考えているということでした。しかし，このような見方は ADHD をもつ人の能力を正確に伝えていないことになり，人生のさまざまな側面に影響を与えることとなりました。ADHD の症状がある子どもや若者には，集中し続けることが難しく，じっと座っていられず，考えずに行動することで問題に遭遇し，タスク[訳注1)]を終わらせることに明らかな困難を示す人が多くいます。これらの特性のひとつひ

訳注 1) タスク(task)：与えられた課題や任務。一定期間内に終えるべき仕事や職務。重要な役割,目的。自発的に請け負う作業。

とつは，特に学校という環境において，学習の成果をそこない，同年齢の他の子どもたちと比較しての学力格差をもたらす可能性があります。ADHD を治療しないでいると，友人を作ることができない，学校での失敗，薬物乱用といった（しかしそれに限定されない）長期にわたる悪影響をも及ぼしかねないのです。そしてこれらはみな，より深刻な感情的，心理的問題を引き起こすことがあります。実際，ADHD の若者の 65％に，生活の複数の領域に影響を及ぼす精神状態が 1 つ以上併存しており（Bierdman, Newcorn, & Sprich, 1991 ; Zylowska et al., 2008），それには気分障害や不安障害，学習障害，破壊的行動障害，チック，トゥレット症候群などがある（MTA Cooperative Group, 1999）ことが，諸研究から明らかになっています。このように，ADHD をもつ人は人間関係や，感情的，発達的，身体的な困難を過剰に経験することが多いことも，驚くべきことではありません。さらに，ADHD は慢性疾患であるので，単に大人になるにつれ卒業するというような類の診断ではありません。治療せずにいれば，ADHD に関連する症状と併存症は増加し，徐々に強まることが多いのです。

ADHD の診断が出たことで影響を受けるのはその人だけではない，ということを理解することもまたきわめて重要です。それどころか，診断の影響は外に広がり，当事者の社会性にまで連鎖反応をもたらします。最も深刻な例では，ADHD の症状が原因で，ティーンエイジャー[訳注2] での妊娠や，薬物乱用，交通違反や交通事故（Harpin, 2005）といったことが起こることがあります。したがって，純粋に医学的なレベルで ADHD の治療にかかる直接の費用以上に，この障害に関連するさまざまな経済的，法的な結果についても考慮しなければなりません（Leibson et al., 2001）。悲しいことに，このような理由で ADHD は，その影響が強まるにつれて，夫婦間や家庭内のもめごとに発展することが非常に多いのです（Harpin, 2005）。さらに，ADHD をもつ人は，自分の障害によって，家族や友人，同僚，同級生，そして職場関係の人たちの生活に影響が表れるのを目の当たりにすると，自己意識がゆがんでしまい，社会活動に参加しなくなることがよくあります。また，攻撃的で反抗的な行動が生じる事例もあります（Harpin, 2005）。

訳注 2）ティーンエイジャー（teenager, teen）：語尾に -teen がつく，（年齢の）10 代，13 歳から 19 歳までの若者。発達心理学では，思春期から青年期に相当する年代。

　覚えておいていただきたい重要点：ご本人の感情的，身体的，精神的健康や経済状態に関していえば，ADHD のもつ潜在的な影響はあまりに大きくて無視できないものです。ADHD の治療の成功やすべての併存状態への適切な対処を確実にするためには，細心の注意を払う必要があります。効果的な治療においては，ご本人の現在の状況だけでなく，将来の進む道も考慮に入れます。ほとんどの場合，その人の成功を応援している多くの関係者たちを思いやり，いたわる必要があります。

ADHD と実行機能との関連

　端的に言えば，ADHD の臨床像はこの数十年で変化してきました。過去何年間も，ADHD をもつ人は落ち着きがなく，衝動性が高く，多動の子どもとして型にはめられていましたが，医療従事者はこの病気とそれをもつ人に関して，今やもっと繊細に理解するようになっています。ADHD は集中力と落ち着きのなさという問題に収まるものではありません。ADHD は，人がタスクに取りかかり，そのタスクが完了するまでずっと努力し続ける能力に支障をきたします。そして，バランスの取れた通常の生活の単なる一部であるべき多様な日常活動の遂行を妨げかねない，あらゆる感情を調節する能力も損なわれます（Brown, 2013）。**時折**物忘れをしたり，やりがいを見つけるのに苦労したり，強い感情に直面して冷静さを失うといったことは，人間であれば当然で仕方がないことですが，ADHD をもつ人にはこれらの領域に**慢性的な**障害がみられることがしばしばあります。ADHD のこのような要素のそれぞれに共通していることは，科学者たちが「実行機能」と称する領域に入るということです。「実行機能」とは，優先順位をつけることや統合すること，他の認知機能を調節すること（Brown, 2013）を担っている高次の認知過程のことを指します。実行機能によって，私たちは問題解決をし，タスクを整理し，注意を向け，判断を下し，時間を管理し，自制を示し，ワーキングメモリ[訳注3]を用いることができます。ADHD をもつ人は実行機能に障害があり，そのことが，これらの領域でなぜ彼らが非常に顕著な困難を示すのかの説明となるのです。

訳注 3）ワーキングメモリ（working memory）：情報を一時的に保ちながら操作するための構造や過程を指す構成概念。作業記憶，作動記憶とも呼ばれる。

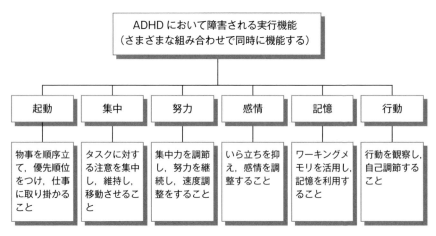

図　Brown（2013）ADHD と実行機能障害のモデルに基づく

　実行機能は，その定義の広いことを考慮に入れると，一枚岩的な概念のようなものに最初は見えるかもしれません。そのため科学者は，実行機能という用語をより小さく，明確なカテゴリーに細分化しようとしてきました。Barkley（2012）の実行機能モデルは，おそらく最も有名で，広く用いられているものです。彼の観点では，実行機能は4つの主な領域に分類されます。その4つとは，（1）非言語的ワーキングメモリ，（2）言語的ワーキングメモリ，（3）感情／動機づけ／覚醒の自己調節，（4）計画立案（プランニング）／次世代育成能力，です。Barkley のモデルの中心をなすのは，ADHD に関連する実行機能障害によって，本人にはさまざまな領域にわたり自己調節する能力に影響が出ることが多い，という認識です。

　Barkley のモデルと対照的に，Brown のモデル（2005, 2013）では，次の6つのクラスターから成るモデルが提案されました。1つ目は**起動**，すなわち，タスクを整理し，優先順位を決め，着手する能力です。2つ目は**集中**で，目の前のタスクに上手に注意を向けることだと Brown は説明しています。3つ目は**努力**，すなわち選んだタスクに関して目的を持った行動を継続する能力や，競合する刺激に対する覚醒レベルをうまく調節する能力です。4つ目は**感情**で，これは強い感情を調節し，フラストレーションの度合いを管理する能力であると理解できます。5つ目は**記憶**で，ワーキングメモリを利用することと，過去

の情報を想起することの両方が含まれます。最後の6つ目は**行動**で，行動を観察し，自己調節する能力だと Brown は言っています。この構想の強みは，これら6つのクラスターのすべてが関連しており，どのひとつの分野における障害であっても，全体としての障害を引き起こし，結果的に ADHD の診断に至る可能性がある，という点です。

青年期特有の課題

　小児期初期の ADHD を正確に診断するのは難しいと感じる臨床医は多くいます。幼い子どもが注意を持続し，指図に従い，一連の指示を正確にこなすことができないのは，年齢に見合ったことだからです。さらに，そのようなことを期待するのは，もし子どもがそういった認知発達の段階にまだ達していなければ，まったく**不可能**なのです。年齢スペクトラムの対極にいるのは大人です。生涯のある一時期に ADHD の診断を受けたことがあるか，あるいは，何百万人もいる診断のついていない ADHD のアメリカ人の1人であるのか，どちらにしても，大人は自分の相対的な長所と短所に合わせ職業を自分で選び，捜し出すことができます。たとえば，ADHD をもつ大人は机に座り，長時間にわたって集中力を持続させなければならない仕事よりも，屋外の立ち仕事を選ぶかもしれません。この点において，（少なくとも部分的には）大人は日中自分のすることをコントロールすることができることを知っているという点で余裕があるのです。

　それに対して，アメリカで学校に通う青年期の若者の大多数は，日課が前もって決められており，それは何カ月も前からであることがほとんどです。学校では，教師は生徒が5つ以上の教科（適性のあるなし，興味のあるなしにかかわらず）に，同じように注意を向け続けることを期待し，日中のさまざまな時間で注意のレベルが変わることを考慮に入れません。同時に，教師と親には共通の期待が存在します。それは，この小児期から成人期になる間のどこかで，時間を管理したり，長期的な目標に向かって効率的に計画を立てたり，若い職業人としてふるまったりすることができる，ということに関して，青年期の若者はもっと率先して行動すべきだ，というものです。

　どんな若者にとっても，このような要求に応えることは大きなタスクとなります。ティーンエイジャーの手元に，ショートメッセージからソーシャルメ

ディアの最新情報，テレビ番組や新しい楽曲，課外のすべきことに至るまで，気を散らすものが押し寄せてくる時代に，さらに，まさにその体内の生化学が変化しつつあるときには特に，大仕事になるのです。また，青年期とは，ほとんどのティーンエイジャーが，自身のアイデンティティを見つけなければならない反面，安定を必要としている（Erikson, 1980）という心理社会的危機に苦闘している時期でもあります。したがって，もし，人間の実行機能が試される時期があるのだとすれば，それは，ティーンエイジャーの時期なのです。

　このような課題は，どんな若者にとっても難しいことですが，ADHDの若者は完全に圧倒されてしまうかもしれません。中学生から高校生の時期は，人の実行機能を最大出力まで押し上げる時期であると思い浮かべると役に立ちます。学術環境においてより競争が増し，マスメディアの洪水に常にさらされて子どもの成長は早まり，ソーシャルネットワークによってスマートフォンを数回タップすればティーンエイジャーの生活を大げさに伝えている画面を目にするようになったことで，ADHDをもつ青年期の若者は，適切な支援が得られないとき，悪戦苦闘することがよくあるのです。

介入と解決策の成功に向けた取り組み

　幸いなことに，ADHDの治療は存在し，効果があります。それは，何十年にもわたる研究の積み重ねと薬理学の飛躍的進歩の副産物であることは，疑いがありません。現在，行動療法と薬物治療の組み合わせがADHDに最も効果的な治療法であるということがわかっています。とはいえ大切なのは，医療従事者として限界があることを知っておくことです。薬物療法や行動的介入は短期的な症状の緩和には役立ちますが，長期的な有効性は明らかになっていません。さらにやっかいなのは，ある種の薬物治療では効果がない若者もいれば，耐えがたい副作用が出る若者もいる，ということです。要するに，ADHDの症状を軽減し，機能を改善することに関して言えば，「万能の」介入法はひとつもないのです。こういうわけで，米国小児科学会は，臨床医と家族が協力し，治療の効果があるかを見極め，もしなければ，代替案を探すことが重要であることを強調しています（Reiff & Tippins, 2003）。

「ANCHORED（アンカード：錨 (いかり) ）法」とは

　　　本書で述べられる「ANCHORED（アンカード）法」は，こうした代替案のひとつであり，ティーンエイジャーの人たちや若年成人が，最新エビデンスに基づく ADHD の治療法の補助として利用できるものです。この方法は，ADHD の若者の社会的，感情的欲求にもっと十分に対処するプログラムを開発する必要性から生まれました。私がこの方法の考案に着手するにあたり決定的に重要だったのは，アプローチの中核部分に，青年期の実行機能に働きかけ，それを改善する点が含まれていることでした。まず行ったことは，ADHD を抱える人たち——ADHD の診断を受けている青年期の若者だけでなく，親や教育者，医療従事者も含めて——に，ADHD の治療法には何が必要で，何が欠けていると感じるか，を尋ねることでした。そうした一次調査の結果から，最終的には私自身の論文執筆への道筋が開け，さらに，これから数ページにわたって皆さんと誇りをもって共有できる「ANCHORED（アンカード）法」を作成するに至ったのです。

　「ANCHORED（アンカード）法」を考案するにあたって，私が目標としたことのひとつは，青年期の若者たちが生涯にわたって経験する ADHD に関連するすべての困難に対処するために，必要なツールを提供することでした。「ANCHORED（アンカード）法」では，若者が ADHD とともに生活しながら，さらに集中力を高め，機能的になり，幸せになることができる方法に光を当てることを重視しています。「ANCHORED（アンカード）法」の全体を通して，マインドフルネスの練習が用いられていますが，それは，マインドフルネスを練習することによって，注意力や記憶力，感情の調節，対人関係，そしてストレスに対処する能力が改善することが明らかになったからです。第 1 章では，ティーンに向けて「ANCHORED（アンカード）法」の概要について説明します。

この本の使い方

　「ANCHORED（アンカード）法」は，8 つの構造化された項目から成り立っており，順を追って行うべきものです。この作業全体の下支えをしているのは，青年期の若者の脳の発達のあり方に対する配慮です。つまり，ほとんどのティーンエイジャーにとって，とりわけ，ADHD をもつ若者にとって，実行

機能スキルはいまだ「発展途上」であることが多く，1回につき一段階ずつ教えるのが最も効果的だということなのです。したがって，それぞれの項目は1週間かけて終了するようになっており，若者がそこで新しく学んだ方法を練習し，習慣化するための時間を十分にとっています。加えて，この本に述べられている**方法**は，ADHD をもつ若者のためだけのものでは決してない，ということにも触れておかなければなりません。実際，「ANCHORED（アンカード）法」は，もっと地に足をつけ，考えを整理し，自分の感情に慣れたいと思っているすべての青年期の若者にとって，非常に効果があるのです。

　この序論は大人（親御さん，教育者，マインドフルネスのコーチ，精神科医療の専門家を含む）を念頭に置いて書かれていますが，序論以降の部分では青年期の若者に直接話しかけています。「ANCHORED（アンカード）法」を使えば，彼らの経験や感情は標準的なものになります。1週ごとに，本文を読み，アクティビティを実行することで，青年期の若者が自分の ADHD のかじを取る際の自信と能力を育てていくのです。

　お父さんやお母さんが既に知っていることを，この分野に従事している精神科医療の専門家はだれでも知っています。つまり，子どもたちは特別な存在であり，彼らに対する診断や脳の「健やかさ」をすべてあわせたものをはるかに超えた存在だということです。何よりもまず，「ANCHORED（アンカード）法」により，心理的な不調に対処すると同時に成長するという，非常に奮闘する様子が認められ，またその一方で，若者たちの尊厳と美しさが見いだされるのです。この本が読者の皆さんにとって大切なお子さんや患者さん，クライエントへの新たな次元の支援を提供しお役に立つことを，切に願っております。

この本の概要　ADHD とはいったい何でしょうか？

　今この本を読んでいるとしたら，あなたは ADHD である可能性が高いでしょう。

　あなたの診断が出たのは最近のことかもしれないし，あるいは長年にわたって苦しんできたのかもしれません。あなたと同じ状況にいる多くのティーン（p.10 訳注 2）参照）や若者たちにとっては，こういった状況は孤独に感じられるものです。まるで，一連の不可解な問題を持っていて，その問題を解明しようとしている，世界でたった 1 人の人間であるかのように感じているでしょう。何よりもまず，あなたは 1 人ではないということ，そして，この本を使って一連のスキルを学ぶことができること，そのスキルは人生のさまざまな場面であなたがもっと健康に，幸せになるために役立つものであることを，わかってほしいのです。

　ADHD はアメリカ合衆国で最もよくみられる精神障害のひとつである，と知ったら，あなたは驚くかもしれません。現在医師たちは，ADHD は神経生物学的要因と遺伝的要因が組み合わさって起こると考えています。ADHD の症状にはまったく同じものは 2 つとありませんが，最もよく見られる症状の中には，集中し続けることが困難である，じっとしていられない，考えずに行動する，タスク（p.9 訳注 1）参照）をやり遂げることができない，といったものがあります。さらに具体的に言えば，私のような心理学者やセラピストが用いる分厚い本——『DSM-5 精神疾患の診断・統計マニュアル（Diagnostic and Statistical Manual of Mental Disorders）』（アメリカ精神医学会，2013）——では，ADHD は，不注意，まとまりのなさ，多動性あるいは衝動性の障害と定義されています。ADHD は成長すると治る病気ではなく，慢性的な状態です。つまり，ADHD は小児期や青年期に診断されることが最も一般的ですが，大人になってもその状態の一部は依然として残っているものなのです。

　ADHD が診断されるのは，通例，低年齢の時期ですが，中学生から 20 代までの時期に，この障害によりますます難しい課題が明らかになることがよくあります。通常，この時期に，若者に対する社会の期待が変化するからです。教師や親，あるいは世話をする立場の人たちは，中学生以上の若者は「手がかか

らなくなる」はずだ，と思っています。つまり，青年期の若者は，成長するにつれて自分で計画したり整理したりすることができるようになるものだ，という考えが社会一般に広く浸透しているのです。この本では全編を通じて，計画をしたり整理したりする能力のことを**実行機能**と呼びます。大人はこのような期待を抱いているけれども，現実には，若者の脳はそういった領域において単にまだ育っていないのかもしれません。そして，特に ADHD は実行機能に支障をきたすことで知られているのです。

　ADHD について，良い話と悪い話があります。悪い話の方は，もし ADHD が見逃されたり，治療されなかったりすれば，長期にわたる影響をもたらす可能性があるということです。たとえば，友人を作れない，学校生活でつらい思いをする，問題を解決するために薬物やアルコールに頼りたいという気持ちが強まる，といったことです。こうしたことのすべてが，のちのち，もっと深刻な感情的問題を引き起こすことにつながる可能性があるのです。

　ADHD はまた，さまざまな，いわゆる「併存する」心理状態をもたらすこともあります。「併存する」とは，同時に生じる状態という意味です。たとえば，私が担当するティーン（や大人）は，反抗的な行動や，ときには同時に生じる学習障害に対処するだけでなく，抑うつや不安に関連する問題にも取り組んでいることが珍しくありません。ADHD は，実在する精神的障害です。「ぜんぶ気のせい」であるような「でっち上げられた」病気ではありません。ADHD があなたの家族や友人，先生，近所の人たちとの関わり方に，どのように影響するか，私は身をもって知っています。ADHD によって，心の底で，どんなに自己嫌悪に陥るのか，私は身をもって知っています。なぜなら，私自身もまた，あなたと同じように ADHD だからです。

　ADHD に苦しんでいる人たちのためには治療法がある，という良い話があります。研究により，役に立ち効果があることが示されています。効果的な治療は，あなたの日常的な役割に影響を与えるすべての領域に確実に働きかけます。あなたが今，この本を読んでいるのは，この良い話があるからなのです。

この本の仕組み

　この本に書かれている「ANCHORED（アンカード）法」は，一生を通じて使うことができるスキルを教えることで，ADHD に関連する困難に対処する

手助けをしてくれます。この本を読み終えるまでに，ADHD をもつ人は，自分にとって実行機能と感情面の両方に役に立つ，価値のある手段を身につけているでしょう。

「ANCHORED（アンカード）法」で用いられる介入のひとつひとつは，あなたの生活の質を高めるのに役立つように作られています。理論的な介入であれ，呼吸法の練習であれ，ADHD とともに生きていくうえで，もっと集中し，役割を果たし，幸せになるための作戦を学ぶのです。また，**マインドフルネスの練習**と私が呼んでいるものが，「ANCHORED（アンカード）法」全体で用いられていることにも気づくでしょう。それは，マインドフルネスの練習が，注意力，記憶，感情調節，対人関係，そしてストレス対処能力を高めることがわかってきたからなのです。

「ANCHORED（アンカード）法」は，8つの異なるステップから構成され，構造化された順序で示されています。そこに組み込まれている作戦は，ADHDの人たちがより健康で幸せな生活を送る手助けとなることが明らかになっているものです。私は ADHD とそれを治療する際に役に立つものに関する最新研究を取り入れてこの本を作り上げました。私と同僚たちは，この本が他の多くの若者たちの役に立つのを見てきましたので，あなたにもきっと役に立つと信じています。

8つもステップがあって 100 ページを超える，と聞くと，最初はとても大変そうに思えるかもしれません。心配しないでください！　各章の最初には，その章の内容がわかる囲み記事を設けました。その章で扱うスキルや，ワークシート，エクササイズが書いてあります。各章は，それぞれの**作戦**を練習するのに，どんなに忙しくても十分余裕を持って行えるように，1 週間あるいは，それ以上かけて完結するようになっています。時間をかけてこれらのスキルを練習し，**手間暇をかけて**，穏やかなペースで進めていくことで，このような方法が，やがてはどんどん日常のものとなっていくのに気づく人が多いのです。まさに新たな習慣のようなものになっていくのです。

今ここにいてくださってありがとうございます。あなたのお役に立てることにワクワクしています！

ADHD の若者のためのマインドフルネスワークブック

──あなたを "今ここ" につなぎとめるために──

第1章　注意を向けることと受け入れること

A：Attention and Acceptance

学びましょう！
- ADHD の概要：あなたはひとりぼっちではありません！
- 「ANCHORED（アンカード：錨）法」の全体像と説明／構成
- ADHD と実行機能

使いましょう！
- タイムマネジメントと整理整頓のエクササイズ：**あなたのスケジュールはどんなふうに詰まっていますか？（プレート法）**
- 意図（こころざし）vs. 目標設定
- マインドフルネスの紹介と深呼吸のエクササイズ

必ず習慣にしましょう！
- マインドフルネス瞑想記録用紙

あなたはひとりぼっちではありません！

　この本の序論では，ADHD とは一体どういうものなのか，についてお話ししました。ADHD は，実在する精神障害であり，日々その症状に対処している子どもやティーンエイジャー，大人の生活に計り知れない影響を及ぼしてきた，ということを，共に学びました。私たちはひとりぼっちではない，ということも学びました。ADHD に対処している人はどれくらいいるのでしょうか？

　実は，最近の数値によると，アメリカ合衆国の総人口の 6.1％にも達しているとされています。あるいはもっと多いかもしれません。診断がついていない大人がたくさんいるからです。

　それはどのくらいの人数なのでしょうか？　少なく見積もって 1,950 万人だ

と想像してください。その全員が同じ障害で苦しんでいるのです。それは，ロサンゼルス，ニューヨークシティ，シカゴにいる人たちをすべて合わせた数より多いのです。もし全員が集まって暮らすとすれば，**簡単に**アメリカで1番大きい街になってしまうでしょう。実際のところ，アメリカの5州を除くすべての州よりも大きくなります。あなたと私は，世界中でたった2人きりでADHDの症状に取り組んでいるのでは，絶対にないのです。

　私たち一人ひとりは違っていますが，ADHDのいくつかの共通点についても少しだけ学んできました。その中には，私たちが実行機能に困難を抱えており，そのために，衝動性や過活動，感情調節の困難さ，人間関係の維持の難しさ，学校での活動や学業の成功に関する苦労が生じるのだ，ということがあります。人生を可能な限り健康で幸福なものにするためには，ADHDを治療すること，そして治療を受けることに積極的になることが大切であるということも学んできました。

　そのことを踏まえて，本書でこれから用いるアプローチのやり方について，もう少し詳しく見ていくことにしましょう。

ANCHORED（アンカード）法とは？

　　ANCHORED は ADHD の若者（つまり，13歳から22歳の人たち）を支援するのに役立つ8つの項目を表す頭字語です。ANCHOR（錨<ruby>いかり</ruby>）は希望，強さ，安定を象徴しています。これらはすべて，あなたがこのカリキュラムを通じて成長したいと意識的に決断したら，このワークブックを通して手に入れられるものなのです。各章の説明は次の通りです。

- 第1章は Attention and Acceptance：「注意を向けることと受け入れること（アクセプタンス）」について書かれています。**注意を向けること**，とは，ADHD とはどういうものなのか理解することと，このワークブックに書かれていることすべてを学ぶことです。それには，ADHD の症状に役立つ作戦をあなたが活用**できる**ことを受け入れることも必要です。
- 第2章は Natural Awareness：「ありのままの状態に気づくこと」についてです。この章では，マインドフルネスとは何であるか，また，マ

インドフルネスがどのように ADHD の役に立つのかについて，大まか
に述べています。さらに，マインドフルネスのエクササイズも含まれて
います。あなたの時間に関してはもちろん，あなたの周囲の空間，あな
たの心，体に何が起こっているのか，に対する感受性を育むのに役立つ
ものです。

- 第 3 章は Concentrating on Purpose：「意図的に集中すること」で
  す。この章では，集中することはしばしば困難であるということを認め
  つつ，集中力を高めるのに役立つマインドフルネスのエクササイズを紹
  介します。宿題をこなすことをもっと容易にするツールについても紹介
  します。

- 第 4 章は Happy Homework：「楽しい宿題」です。ここでは，宿題に
  隠されているストレスについてと，短期・長期両面でどのように学校に対
  して対応すべきか，について，さらに理解を深めていきます。また，スト
  レスがかかっているときに前向きな捉え方をし続けることを重視します。

- 第 5 章は Open and Organized：「心を開いて受け入れること，整理
  できていること」についてです。この章では，新しいやり方のアイディ
  アを受け入れることを推奨し，系統だって整理されていることが，スト
  レスの少ない生活を送るのにどのくらい役立つのかを説明します。より
  うまく整理できるようになる作戦を，より効率的に学習する方法ととも
  に紹介します。

- 第 6 章は Recognize, Relax, and Reflect：「認識し，リラックスし，
  よく考えましょう」です。この章でも引き続きマインドフルネスのエク
  ササイズを紹介します。あなたの感覚を認識し，呼び起こす手助けとな
  り，体をリラックスさせるのに役立つものです。モノタスク（一度に 1
  つの作業しかしないこと）かマルチタスク（一度に複数の仕事をこなす
  こと）か，についても考えを深めていきます。

- 第 7 章は Emotions：「感情」について扱います。ここでは，感情的な
  困難が，いかに ADHD と関連して絶えず存在しているか，について説
  明します。さらに，感情をコントロールする方法も紹介します。

- 第 8 章は Determination：「決意」についてです。つまり，ADHD の
  ストレスや症状をコントロールするために，マインドフルな生活を送り
  続ける決意のことです。また，この章ではふり返りを行い，全編を通し

て紹介された参考文献の簡単な案内も載せています。最後に，セルフケアと ANCHORED の誓いを書くことになるでしょう。

各章の構成

　各章はアウトラインで始まり，その章の内容の全体像がわかるようになっています。なぜ，このような構成になっているのでしょうか？　章の内容をあらかじめ見ておくと，それが題材の土台となり，次に，より多くの情報を記憶することにつながる，ということが，さまざまな研究から明らかになっているからです。アウトラインの後には，教育的なセクション（**学びましょう！**）があり，扱うテーマに関する情報を紹介します。次に，さまざまな演習や作戦（**使いましょう！**）が続きます。ここには，空間，体，心のマインドフルネスのエクササイズ，あるいは実行機能のエクササイズが含まれています。最後に，**必ず習慣にしましょう！**　のセクションがあります。このセクションを，学校の宿題みたいなもの，とは思わないようにしてください。その代わりに，あなたの生活のいくつかの側面に役立つスキルを練習するための第一歩だ，と心に思い描いてみてください。

　この本は，急いで取り組まないことが重要です！　逆に，ゆっくりと時間を取って，これらのエクササイズをあなたの生活に**取り入れて**ください。新しい習慣が身につくには時間がかかります。ですから，どうか辛抱強く，各章を少なくとも 1 週間はかけて読み，エクササイズを行ってから，次の章に進んでください。

実行機能とは？
それは ADHD とどのように関係しているでしょうか？

　ADHD に関する理解は，長年にわたって変化し，関心の高まりの焦点が，幼い子どもから，若者や大人へ ADHD がどのように影響するかについて移りました。お伝えしたように，青年期は ADHD の人たちにとって，もっともストレスのたまる時期であることが報告されています。多くの場合，青年期はより複雑な社会的，学術的な要求を経験すると同時に，世話をする立場の人や教師からサポートを受けることが少なくなる時期であるからです。

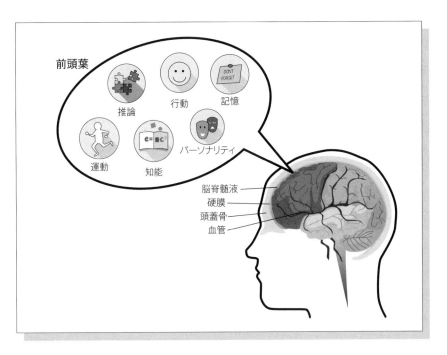

図　実行機能

　今日では，ADHD による**実行機能**の問題によって，若い人たちが近い将来および遠い将来両方に対しての計画を立てることが必要になった際にどのように混乱が起こるか，について理解が深まっています。整理整頓や計画立案，タスクに取り掛かること，効果的かつ効率的に勉強すること，状況や体験に応じて適切な感情的反応を起こすこと，集中力を維持すること，あるいは，これらがいくつか組み合わさった現象にあなた自身が苦労していることに自分で気づくかもしれません。人生のある時期には，このようなタスクにほとんどの人がてこずるのですが，ADHD の人はこのような実行機能の諸領域において，**慢性的な**不十分さを持っているのです。研究によると，ADHD の人たちは，人口全体と比較した場合約 2 倍ほど実行機能の問題に苦しんでいることが示されています。

　実行機能は，人々が毎日のタスクや責任を果たす手助けをする役割を受け持っており，実行機能のひとつひとつは脳内の特定の部位にまでさかのぼって

いくことができます。

　このワークブックで示されているエクササイズは，あなたの実行機能のスキルの向上に役立ち，さらに，生活の中のストレスを減らしてくれます。これらのエクササイズはまた，学業や個人的なパフォーマンスの向上にも役立ち，より大きな充実感と楽しさを味わうことができるようになるでしょう。これらのエクササイズを生活の中にマインドフルに取り入れる方法については，第2章でもっと詳しくご説明します。

タイムマネジメントと整理整頓のエクササイズ：あなたのスケジュールはどんなふうに詰まっていますか？（プレート法）

　今のこの時代，使える時間に対してやるべき仕事が山ほどあるという人は，とにかく大勢います。そのようにバランスが失われていると，不要なストレスが生じ，次には，学業や人間関係の問題も起こりかねません。集中することが難しくなってしまうこともあり，時間が足らないためにできないことで頭がいっぱいになってしまった場合はなおさらです！　バランスの取れた生活を送ることで，人はより穏やかで幸福になることができます。そうなることが，楽しい人生を送るための秘訣なのです。あなたの時間がどこに使われているか，また，もっと上手にタイムマネジメントするにはどのようにしたらよいかについて理解するために，自分がどれだけのことをしようと予定しているか，に目を向けることが大切です。

ワークシート：

あなたのスケジュールはどんなふうに詰まっていますか？（プレート法）

下の〇を使って円グラフを作り，あなたの時間がどのように使われているか分類してください。たとえば，学校，宿題，スポーツ，家族，友達，娯楽……というような項目も含めてみましょう。

　円グラフを作り終えたら，次の質問に答えながら，学んだことについて振り返ってみましょう。

　あなたの時間は，どんなふうに詰まっていますか？

_____

_____

　あなたは，その状況を変えたいと思いますか？

_____

_____

　……もしそうなら，何を変えたいですか？

_____

_____

　他に，スケジュールの中に入れたいことがありますか？

_____

_____

　……もしそうなら，どうすれば，それをスケジュールに組み込むことができると思いますか？

_____

_____

　このエクササイズは，何かを逃している感じがするときにはいつでも行うことができます。また，時間の使い方に関して，バランスが取れていないと感じたり，不満を感じたりしているときにも行えます。次の章では，時間の割り振りにもっと批判的な目を向けて，プレートに記入された時間についてよく考えてみる，ということをしていきます。

ヒント：私たちのスケジュールは，ときにアンバランス
になることもあります。もし，一時的にバランスが取れ
ていないのであれば，焦らずに，一時的なものなのだ，
ということを認識してください。

ケーススタディ
―あなたと似ているティーンエイジャーたちより

「高校2年生のときは，できる限りたくさんのことをしたいと思っていたことを憶えています。陸上部に入って走ったり，学力10種競技に出場しようとしたり，APクラス（大学レベルの早期履修プログラム）を取ったり，学芸会に参加したりしていました。高校生活でやっていないことがあるとは思いたくなかったし，受験生としてより優秀に見えるような機会を逃したくなかったのです。問題は，生活がコントロールされない感じがしたということで，私はいつも時間の使い方や就寝時間について両親とケンカしていました。

メリッサ先生に促されて『あなたのスケジュールはどんなふうに詰まっていますか？』のエクササイズをやり終えたとき，自分自身のための時間が日中ほとんどないことにびっくりしました。一瞬一瞬，何らかの形で，私にはプレッシャーと期待がかかっていました。私の生活には，バランスが『**まったく**』ない，ということが，グラフからわかりました。また，両親にこれを見せたことで，私がただ怠けていたり，大げさにしたりしているわけではないことをわかってもらえました。本当は，私は頑張りすぎて苦しんでいたのです。

高校3年生の最初に，両親と話し合い，プレート法を使ってその1年の計画を立てました。効果てきめんでした。自分のための時間や，家事（雑用），学校の勉強，課外活動のための時間を確実にとることができるので，今年はずっとストレスが少なく，バランスが取れた年になった，と今では言うことができます」

―J.S.さん，17歳

　忙しいスケジュールを抱えているとき，自分のプレートに，このワークブックで取り組む一連の作業のような活動を**もう少し**つけ加えようとすると，その理由を見つけるのは難しいかもしれません。意図（こころざし）を持つこと，すなわち，「なぜ付け加えるのだろうか」という内的な感覚を持つことによって，付け加える理由はもっと簡単に見つかることがあります。言い換えると，当初は「する時間がない」と感じていた活動やタスクから，より多くのことを得ることができることに目を向ける，ということです。その点を考慮に入れて，次のページの質問について記入し，十分な時間をかけて，なぜあなたがこのワークブックを通じて成長しようと決めたのか，よく考えてみてください。じっくりと考え，正直に答えてください！

ANCHORED（アンカード）法を学び，
使うための意図（こころざし）

　あなたはなぜ，この ANCHORED（アンカード）法のワークブックをやり遂げることを選んだのですか？　もし，<u>あなたが</u>そうすることを選んだのではないとしたら，なぜ他の誰かは，あなたがこの本に取り組むようにしたのでしょうか，その理由を説明してください。

――――――――――――――――――――――――――――――

――――――――――――――――――――――――――――――

――――――――――――――――――――――――――――――

――――――――――――――――――――――――――――――

――――――――――――――――――――――――――――――

　この ANCHORED（アンカード）法のワークブックをやり遂げることで，何を手に入れたいと思っていますか？　もし，はっきりわからなければ，あなたの生活の中で，簡単になるといいな，とか，ストレスが減るといいなと思ういくつかの状況を自由に書いてみてください。

――――――――――――――――――――――――――――――

――――――――――――――――――――――――――――――

――――――――――――――――――――――――――――――

――――――――――――――――――――――――――――――

――――――――――――――――――――――――――――――

意図（こころざし）　vs.　目標設定

　人間は皆，目標を設定します。そして，あなたのような若い人たちは，しばしば，生活の中の多くの領域で目標を設定することを当然のように求められます。たとえば私たちは，スポーツチームの一員になるという目標や，好きな大学に進学するという目標など，将来に関係のあるどんなことでも目標として設定します。だれにとっても，あることを**なぜ**するのか理由を持つことが大切なのですが，その「なぜ」が欠けているように思われるとき，ADHDの人たちは特に目標に向かって努力することが，ずっと大変なことになります。そういった「なぜ」をはっきりさせることによって，人はその目標に向かって努力し，もっと関心を持つことができ，さらに，より集中できるのです。手短に言えば，目標設定は，人が**欲求**を実現するための**計画**を立てるのに役立ちます。まだ成し遂げられていないことが何で，その目標を達成するために何が必要なのかについて，目標設定をすることで明らかになることがしばしばあります。このことを認識していることは大切です。たとえば，仮に目標が，車を持つことと，それによって得られる自立である，としましょう。その場合おそらく，たとえば夏休みのアルバイトでお金を貯めることや，運転免許試験に合格すること，といった，たくさんのより小さな要件を満たす必要があるでしょう。

　もし，その目標設定された中を歩むうちに，その足りない「何か」が成し遂げられなければ，人々は挫折感を覚え，さらにはそのせいで，あたかも自分がまったくの敗者であるかのように感じてしまうことがよくあります。**人々が時に目標設定をすることを拒むのは，この理由からなのです。つまり，自分に失望することを恐れているのです。**短期的に見れば，この種の思考によって人の自尊心は守られますが，長期的には，円熟した人間になるために必要な，得難い成長と体験が奪われてしまう可能性があります。目標設定は重要ですが，確かに簡単なことではありません。そして，ほとんどの人にとって，たやすいことではないことが多いのです。

　人々が目標を設定するときに，将来の自己改善や幸せにつながる計画を立てるというよりも，むしろ，その人が欠けていると感じることを重視している，という点についても考えてみましょう。たとえば，ある学生が，「成績を上げたい」というような目標を立てたとすると，それは，「今の私の成績は，満足できるものだろうか？　なぜそう思うのか，あるいは，なぜそう思わないの

か？」といった問いかけは行いません。目標というものは，しばしば，人生の中でその人がその時にたまたまいる状況について暗黙の評価を伝えるものとなり，多くの場合，その評価は健康に悪いものなのです。

　意図する（こころざしを持つ）ことは，目標設定よりマインドフルなやり方です。なぜなら，意図する（こころざしを持つ）ことで，自分がまだ成し遂げていないことや，達成していないこと，習得していないことなどに注目するというよりもむしろ，人生において自分がいる状況について受け入れることができるようになるからです。意図（こころざし）というのは，「ADHDであることが何を意味するのかについて，心を開いて学び，よく考えるようにするつもりだ」というようなものかもしれません。それと同じ発想を**目標**で表すと，たとえば，「ADHDへの対処に役立つような方法をいくつか学ぶつもりです」というような感じになるでしょう。**次のことをよく考えてください。目標は，もしそれが達成されなければ，あなたを敗者に仕立て上げるおそれがあるのに対して，こころざしは可能性を開き，何かが起こるようにしてくれるものなのです。**たとえば，あるティーンは「自動車を持ちたい」という目標を立てるよりも，「もっと自立するつもりだ」という意図（こころざし）を持つかもしれません。毎日，毎週，毎月，そして，毎年の意図（こころざし）を持つことで，もっと幸せで成功した人生を送ることができるかもしれません。そしてそれは，それまでに達成したいと思っていたのと同じ目標につながることが多いのです訳注4)。

　では，先ほどの「ANCHORED（アンカード）法を学び，使うための意図（こころざし）」に関する質問の答えを読み返してみていただきたいと思います。あなたが使った言葉が「目標に基づいている」ように聞こえるか，「意図（こころざし）に基づいている」ように聞こえるかを確認してください。そして，そのことを念頭に置いて，次のエクササイズの「目標」と「意図（こころざし）」の欄の合っている方にチェックを入れてください。その後で，エクササイズの残りの部分を記入してください。

訳注4) 今の段階ではよくわからないかもしれませんが，この本を読み進めていき，マインドフルネスを勉強していくうちに，だんだんわかってきます。心配しないでください。

ワークシート：

目標　VS．　意図（こころざし）

_____目標　　　　　_____意図（こころざし）

　もし p.34 であなたが答えたものが，目標のような感じがするなら，それらを意図（こころざし）になるように書き換えてみてください。

_____

_____

　あなたは ANCHORED（アンカード）法を学ぶ目的についてよく考え，目標 vs. 意図（こころざし）について学んできました。そこで，あなたが手に入れたいと思う意図（こころざし）をいくつか，次の行に書き込んでください。このプログラムについてのものでもよいですし，明日の生活のための，とか，来年のための，といったものでもかまいません。

ANCHORED（アンカード）法に対する私の意図（こころざし）：
（つまり，あなたがこの本を使う意図（こころざし）は，具体的にはどのようなことですか？）

_____

_____

私の個人的な毎日の意図（こころざし）：

_____

_____

私の個人的な毎年の意図（こころざし）：

_____

_____

ケーススタディ
—あなたと似ているティーンエイジャーたちより！

「初めてメリッサ先生とうつ病の治療に取り組み始めたときには，私の周囲には自分より『優秀な』子しかいない，という感じがしていました。授業中は，自分の周りに座っているのは自分より成績の良い子たちばかり，という気がしました。放課後には，自分よりずっとダンスが上手な女の子たちと競っているようでしたし，家では，すでに優秀な学校に入学していた年長のいとこたちと自分自身を比較してばかりいました。

私は自分が認められたり評価されたりしないことに，本当に落ち着きを失っていました。ある時点で，何をするにもやる気を起こすのが難しくなってしまいました。ベストを尽くしても，いつも『2位』にしかなれない，と思いました。また，悲しくなることがとても多くなったので，さらに気分が悪くなってきました。ADHD のせいで私は成功しないのだ，とも思っていました。

今の自分の状況をどうやって受け入れるのかを，メリッサ先生は教えてくれました。まず，過去に立てた目標を通して自分自身を見つめることを止めました。思考を目標から意図（こころざし）へと変えることで，自分がどんな人になりたいのか，そこに到達するためにはどのような行動をとる必要があるのか（1回につき1段階ずつ）について，もっとよく考えることができるようになりました。私はまだうつ病の闘病中ですが，毎日少しずつ良くなっている感じがしています。意図（こころざし）のおかげで，毎日をポジティブに見つめることができ，自分の周りにある本当にたくさんのチャンスを見つけることができるのです」

—K.W. さん，18歳

マインドフルネスと深呼吸のエクササイズの紹介

　マインドフルネスは，人々が自分の考えや気分と関わりあう方法を変えるのを手助けしてくれる技法です。また，青年期の若者が ADHD による不十分さを管理することに関していえば，最も役立つ技術のひとつです。マインドフルネスとは，一言で言えば，ただ，注意を向ける手段としてとらえるとよいでしょう。何千年もの歴史を持ち，仏教の瞑想実践に由来する概念です。マインドフルネス瞑想は，精神や知性を養うために用いられ，人々が集中力を高め，より穏やかで心を開いた生活を送るのに役立ちます。マインドフルネスに基づくストレス低減法の開発にキャリアを費やした大学教授であるジョン・カバットジン（Jon Kabat-Zinn）も述べているように，マインドフルネスとは「今という瞬間に意図的に，そして瞬間瞬間に次々に体験されることに判断を加えず注意を向けることによって生まれてくる気づき」（2003, p.145）のことをいいます。**言い換えれば，マインドフルネスには，とらわれのない状態で，どんな価値判断もせずに，今という瞬間にあなたがしているどんなことにでも，完全に没頭することが求められます。たとえば，食事をしているときには，ただ食べることに集中します。宿題をしているときには，ただ勉強することに集中します。友達と会話しているときには，ただその人と話すことに集中します。**大切なのは，今という瞬間に起こっていることはどんなことでも，『良い』とか『悪い』という判断をせず，あるいは，『するべきこと』とか『してはいけないこと』に注目せず，しっかりと関わるということです。

　マインドフルネス介入法は ADHD の若者に役立つだけではありません。保護者の方たちにとっても大いに役立ちます。もしあなたが，生活の中で関わるティーンエイジャーの支援をするためにこの本を読んでいらっしゃるのであれば，この本のマインドフルネスのエクササイズに取り組まれることをお勧めします。たとえば，家族のためのマインドフルネスのエクササイズの時間を毎日取って実施したり，少なくとも週に 2，3 日はそうする時間をスケジュールに組み込んだりすることができるでしょう。無理強いはしないでください。でも，家族に受け入れる準備ができていれば，日課を作り，家族を結びつけるのにとても役に立つでしょう。マインドフルネスについては，第 2 章でより詳しく説明します。

深呼吸

この1週目は，深呼吸（腹式呼吸，あるいは横隔膜呼吸とも呼ばれます）を練習しましょう。呼吸のエクササイズを教わる際に，お腹をへこませて，とか，体の中心部を使ってといったように，間違ったことを言われることがよくあります。このようにすると，呼吸は浅くなり，胸部を使って行われるだけになり，緊張と不安が増すことになります。もしそのようなやり方で深呼吸をしなさいと教えられたことがあるなら，あなたが知っていることは忘れてください。ここで新しいやり方を学びましょう。

正しい深呼吸の方法は，少し不自然な感じがするかもしれません。腹部はもはや平らではなく，その代わり，呼吸するたびに上下します。本当の深呼吸では，酸素を含んだ空気が取り込まれ，二酸化炭素が排出されます。このプロセスは心拍数を減らし，血圧を一定に保つのに役立ちます。落ち着いた気分を増やすためや，考えが乱されるのを減らすためには，酸素を含んだ空気を肺の1番下の部分にまで届くようにすることが大切です。このやり方を今すぐ練習しましょう。

マインドフルネス・エクササイズ：

呼吸入門

　片方の手を胸に，もう片方の手を下腹部（おへその下）に当ててください。

　鼻からゆっくりと息を吸い込み，胸と下腹部が膨らむようにして，肺を空気で満たします。

　お腹をリラックスさせ，十分に膨らむようにします。
　では，口からゆっくりと息を吐いてください。同時に胸と下腹部を元の位置に戻します。

　このように，2，3回呼吸の仕方を練習したら，タイマー（アラームではありません──瞑想用のベルがお勧めです）を3分にセットしてください。

　この3分の間，足を床につけて楽な姿勢で座るか，横になって目を閉じてください。（もし，目を開けておく方がよければ，視覚的に注意が逸れるのを最小限にするために，正面1点を見つけてそれを見つめるようにしてください）。

　タイマーが切れるまで，このように呼吸を続けてください。

ヒント：私のおすすめ：
タイマーとして使える"おりん"（仏具の一種）瞑想用
アプリをダウンロードしてください。
優しい音なので，体をリラックスした状態にしておくの
に役立つかもしれません。

マインドフルネス・エクササイズ：

深呼吸

　呼吸入門を実践したら，次の深呼吸の瞑想エクササイズをやってみましょう。

深呼吸の瞑想
時間：3分間

　背骨を自分で支えるように，椅子から背を離して，楽な姿勢で座りましょう。

　両足を床につけます。

　手は膝の上におきます。片方の手を胸に，もう片方を下腹部に当てて，呼吸で体の中が膨らんだりへこんだりするのを感じられるようにしてみてもよいかもしれません。

- **体に注目しましょう。** 楽な姿勢で座りますが，注意は怠りません。肩や腰部をリラックスさせ，足の裏は床に着けておきます。目を閉じます。
- **呼吸に注目しましょう。** 鼻から息を吸います。鼻から，鼻と口両方から，あるいは口だけで楽に息を吐きます。体に入っては出ていく呼吸によって生じる上下の動きに注目しましょう。4数えるまで息を吸って，4から8数えるまで息を吐く，としてもいいかもしれません。
- **何が起こるのか注目しましょう**
  - **考え**：あなたは考えていますか？　何について考えていますか？　あなたの心はさまよっていますか？　ボーッと空想にふけっていますか？　やることリストを作っていますか？　最近起こったことやずっと前に起こったことを思い出していますか？
  - **気分**：何を感じていますか？　良いものでも悪いものでも，なに

か感情に気がつきましたか？

—**感覚**：体の中に何か感じますか？　それは心地よいですか？
不快ですか？　どちらでもないですか？　痛みや緊張を感じて
いますか？　リラックスしている部分はありますか？

—「息を吸って，私は自分の心と体を落ち着かせている。息を吐い
て，私は心と体の中に抱えているものを解き放っている」と心の
中でつぶやきながら，呼吸をし続けてください。

Kabat-Zinn（1990）より改変

必ず習慣にしましょう！

- **マインドフルネス瞑想記録用紙**
- できれば毎日この呼吸法を練習してください。練習できない日があったら，翌日は必ず取り組むようにします。
- ヒントをもう 1 つ：携帯電話（スマホ）のリマインダーを，毎日同じ時間に通知するようにセットしましょう。毎日同じ時間に呼吸法を練習できることで，簡単には忘れないような習慣作りができます。
- 次のページには，呼吸法をしている間のあなたの体験をふり返ることのできる記録用紙があります。このシートは，あなたが積極的な役割を果たして，より豊かで，穏やかで，幸せな生活を送るようになっていく様子を見ていくのにも役立つでしょう。
- 記録用紙の記入例を載せていますので，それに目を通してよく理解してください。それから，未記入の記録用紙を印刷して，これから数週間使えるようにしておきましょう。

サンプル：

マインドフルネス瞑想記録用紙

____月____日からの1週間：

日付（曜日）	練習しましたか？	気づいたこと・感想
2/19（日）	はい（または○）	宿題に取りかかるのを気にしていたことに気がついた。
2/20（火）	いいえ（または×）	忘れてた。
2/21（水）	いいえ	たぶんリマインダーをセットした方がよいだろう！
2/22（木）	はい	リマインダーが役に立った（スヌーズ機能のためにもう一度ちょっとだけ鳴っちゃったけれどね！）。 明日のサッカーの試合のことを考えている間、肩に緊張を感じた。
2/23（金）	はい	もう少しで忘れるところだったけど、寝る直前に思い出した。 簡単になってきた。体が楽になり、緊張が少しなくなっていく感じがした。

ワークシート：

マインドフルネス瞑想記録用紙

___月___日からの 1 週間：

日付（曜日）	練習しましたか？	気づいたこと・感想
／ （　）		
／ （　）		
／ （　）		
／ （　）		
／ （　）		
／ （　）		
／ （　）		

第2章　ありのままの状態に気づくこと

N：Natural Awareness

学びましょう！
- マインドフルネスについてもっと知ろう
- マインドフルネスのレベル

使いましょう！
- マインドフルネス・エクササイズ：
  ―マインドフル vs. マインドレス／自動操縦！
  ―マインドフル・イーティング
- タイムマネジメントと整理整頓：週間スケジュール

必ず習慣にしましょう！
- マインドフルネス瞑想記録用紙
- 食べることへのマインドフルな気づき
- 週間スケジュール

マインドフルネスについてもっと知ろう

　前章では，**マインドフルネス**について大まかにお話ししました。この章では，マインドフルネスを中心に扱います。マインドフルネスは実際，人がストレスや感情的苦痛に対処するのに役立つ臨床的アプローチになり得ます。マインドフルネスは人が意図的に，今この瞬間に起こっていることに注意を払う，というアプローチです。瞑想はマインドフルネスを高めるためによく使われる正式な方法ですが，マインドフルネスという概念は瞑想に限ったことではありません。むしろ，マインドフルネスは，私たちが毎日の生活において，どれだけしっかり存在し，気づいているか，その度合いを高めるために使われる一連の技法

から構成されています。

　マインドフルネスは心理的なプロセスとして，長い時間をかけ，練習を重ねることで養われていきます。マインドフルネスには，習慣的，自動的に分析したり反応したりしないで意識的に考えへの集中力を高めようとしたり，「今ここ」に意識的に注意を向けようとしたりすることが必要です。もっと正確に言えば，マインドフルネスには，その瞬間に起こるどんな考えや気分，感覚にも，決して闘おうとしたり，変えようとしたりせずに，ただ気づいていることが必要です。多くの状況においてマインドフルな状態になることができ，通常であれば感情的になる状況により穏やかに対処できるためのスキルを身につけます。マインドフルネスには，開かれた，評価しない心，今この瞬間に気づき，受け入れる心が必要です。つまり，どんな考えや気分が起こっても，それにとらわれたいという誘惑や願望に抵抗する心が必要です。マインドフルネス瞑想の目標は，今この瞬間において，気づくことと，反応しないことなのです。

　その時々で起こっている考えや気分，感覚を観察し，注意を向けることによって，人は注意を怠らない状態で，しっかりと存在するのです。深い呼吸を用いながら気分や考え，感覚を認識することは，マインドフルな状態を保つのに役立つ重要なツールです。そうすることは，あなたの考えを**抑える**練習ではなく，逆に，考えを観察し，それを捕まえるのではなくて，むしろ，流れていくようにするという練習なのです。

　マインドフルネスには３つの基本要素があります。それは，態度と注意，そして意図（こころざし）です。

- **態度**とは，自分で評価をくださないこと，忍耐強いこと，受け入れること，信頼すること，初心を忘れないこと，を指します。自分に思いやりをもち，批判的な考えや気分をできるだけ少なくすることもまた大切です。しかし，もし，あなた自身が評価をしているのに気づいたら，自分が評価していることを評価しないでください！　その評価にただ気づき，深呼吸をして，自分の体験を受け入れ，信頼を置くようにしましょう。
- **注意**とは，心がさまようことに注目し，認識できることを指します。注意には，自分の考えや気分，感情がどういうものであるのかについて，好奇心を持つことを伴います。また，間を置くこと，深呼吸に心を注ぐ

こと，自分の体の中にある感覚に気づきを持つことが必要です。

- **意図（こころざし）**とは，自分の体とつながるのを妨げようとする雑念を手放すためのかかわりを指します。このスキルを身につけるためには，マインドフルネスの練習を毎日の日課に組み込むことが大切です。第1章にもどって，あなたの「私の意図（こころざし）」のエクササイズの中に，マインドフルネスの意図（こころざし）を含めてもよいでしょう。

　マインドフルネスの練習の中核は，自分自身の体験を観察し，その体験が起こっていることを認識し，自分の呼吸に注意を向けているあいだはその体験をわきにどけておくことです。心がどこをさまようのかについて，どの瞬間にも自分がしている体験について好奇心を持っていてください。自分の考えや気分，感覚に対して，態度を示そうとしないでください。そうではなくて，ただそれらが意識の中に入ってくるのに気づき，ありのままを受け入れてください。受容とは，人が今この瞬間に心を開き，自分の体験について課題や予定を持たないことを意味します。むしろ，その人は心を開き，どんな体験も受け入れることにするのです。

　呼吸をアンカー[訳注5]として用いることで，日々の生活の中で「今ここ」に集中し，心配事や考えすぎを減らすことができます。態度，注意，そして意図（こころざし）はすべてお互いに関連し合っていて，マインドフルネスのプロセスの中で，すべてが同時に起こります。マインドフルな状態の時には，よりうまく体験に目をとめることができるのがわかるでしょう。そうすれば，やがて，より思慮深く，計画的に考えたり行動したりすることができるようになるでしょう。

ヒント：マインドフルネスをあなたの心を落ち着かせる方法として考えてください。
そうすることであなたはよりリラックスし，より注意深くなれるでしょう。

訳注5）呼吸に注意を向けることで，今この瞬間に自分をつなぎとめることができる。呼吸が「アンカー（anchor：錨）」の役割をしてくれるということ。

マインドフルネスのレベル：空間，体，そして心

　この本では，空間と体，心に焦点を当てるエクササイズを学びます。**空間のマインドフルネス**とは，あなたの体の外側で起こっていることに焦点を当てることを指します。たとえば，文字通りのあなたの周りの空間や１日のうちのその時間に注意を向けることです。**体のマインドフルネス**とは，あなたの気分や感情のことを指します。たとえば，身体面と感情面の両方で，あなたが体の中に感じているものは何かを尋ねます。**心のマインドフルネス**とは，あなたが持っている考えのことを指します。次々に移り変わる考えと共にあなたが感じる頭の中の混乱レベルのことを指すこともあります。また，ストレスや不安に圧倒されている気分のレベルを表すこともあります。これらの３つは関連しあっており，体験の中には多面的なレベルに属するものもあります。

マインドフルネス・エクササイズ：

マインドフル vs. マインドレス（自動操縦）

　タイマーを1分にセットします（もし瞑想用のベルのアプリを持っていたら，それを使ってください）。楽な姿勢を見つけて始めましょう。準備ができたら，タイマーをスタートします。目を閉じたほうが心地よいと思う人は，そうしても構いません。目を開けているのであれば，視線を緩めて，目の前の床に落とします。タイマーが切れるまで，このように座り続けます。

　何に気がつきましたか？

_____

_____

　何が聞こえましたか？

_____

_____

　もう一度やってみましょう。でも今度は，行き交うすべての音に細心の注意を払ってください。近くにある音に，さらに，ずっと向こうにある音に，気づいてください。それらの音が，どのように現れては消えていくのかに気づきましょう。

　何に気がつきましたか？

_____

_____

何が聞こえましたか？

_____

_____

1回目に聞いたのと2回目とではどのように違いましたか？

_____

_____

　このエクササイズはマインドフルな状態に磨きをかける方法の一例です。あなたは，今この瞬間に何が起こっているのか，意図的に注意を払いました。今この瞬間に心を開き，関心を持ち，好奇心を持ち，しかし評価をしないこともまた大切で，これらのすべてがマインドフルネスの基礎となる部分です。

　1回目のリスニングエクササイズでは，あなたの周りで生じている**すべての音**は聞こえなかったかもしれません。もしそうなら，これは，十分な気づきを伴わない自動操縦の状態で物事を行っている例です。人がそのように十分な気づきを持っていないとき，それを『マインドレス』な状態と呼びます。ひょっとすると，2回目のリスニングエクササイズのときにはもっと多くの音が聞こえたかもしれませんが，それは，そうするように指示されたからです。このエクササイズはマインドレスな状態（自動操縦の状態）とは正反対で，マインドフルな状態の一例です。最近，マインドフルな状態で行動したことがあるか，考えてみてください。直近の食事で何を食べたか，あるいは，今日，学校の外に咲いていた花は何色だったか，覚えていますか？

　日常生活において，マインドレスな状態で行っていることを，いくつか例として書き出してみてください。例としては，食事をすること，歯磨きをすること，教室まで歩いていくこと，などがあるでしょう。

マインドレスな活動：

_____

_____

_____

　では，日常生活において，マインドフルな状態で行っていることを，いくつか例として書き出してみましょう。注意を払ったり，集中したりしなければいけないものがそれにあたります。習慣になっているものではなく，最近習っていること，たとえば，運転の教習のようなものかもしれません。

マインドフルな活動：

_____

_____

_____

　簡単にできましたか？　マインドフルな活動やマインドレスな活動を考えつくのは，簡単でしたか？　それとも，難しかったですか？　日常の活動において，マインドフルな状態でいることを練習すればするほど，脳は日々の体験の中で，ありのままに存在していることができるようになるのです。この本全体を通じて，さらにマインドフルネスを探求していきましょう。

マインドフルネス・エクササイズ：
マインドフル・イーティング

　食べることは，マインドフルネスを練習するための方法として利用できる，日常的な活動です。マインドフル・イーティングエクササイズでよく使われる食べ物はレーズンですが，他のものを使っても構いません。何を使うにしても，２～３個は用意しましょう。以下のエクササイズを数回行って，毎回何か違うことに気づくかどうかを見ていくようにします。このマインドフルネス・エクササイズはまた，生活の他の部分でより簡単に集中力を維持するのにも役立つでしょう。

　手順：椅子にゆったりと座って，まるで見たことがないかのように，レーズンを見てみましょう。自分が別の惑星から来た人で，レーズンはまったく初めて見るものだと想像してみてください。レーズンを手に取り，転がしてみましょう。形，手触り，色，大きさ，温度，硬さ，柔らかさなどを見てみましょう。もし何か他のことを考えていることに気づいても，やって来たその考えにただ気づき，やって来るものとしてそのまま放っておいて，注意をレーズンに戻します。

　今度は，腕の動きに気づきながら，レーズンを鼻に持ってきて，においを嗅いでみてください。レーズンを口の中に入れますが，噛んだり飲み込んだりはしません。舌触り，味，形など，すべての感覚に注意を払いましょう。準備ができたら，１回噛んで，その変化に気づいてください。新しい舌ざわりに気づいてください。口の中の残りの部分に気づいてください。あなたの持つすべての感覚に気づいてください。さあ，ゆっくりと意識してレーズンを噛んでみましょう。

　準備ができたら，飲み込みます。

マインドフル・イーティングエクササイズが終わったら，次の質問に答えましょう。

何に気づきましたか？　においは？　舌触りは？　味は？

_____

_____

噛まずに口に含んでいるときの感覚はどうでしたか？

_____

_____

注意はどこに向いていましたか？　注意がそれたとき，何が起きましたか？

_____

_____

　この体験を覚えておいて，少なくとも1日1回は，マインドフルに食べる体験をしてみましょう。食べ物の楽しみ方が変わったことに気づくかもしれませんし，もしかしたら，満足しやすくなるかもしれません。その体験があなたにとってどのようなものであっても，それを認めて，受け入れましょう。

タイムマネジメントと整理整頓：週間スケジュール

第1章では，あなたのスケジュールがどんなふうに詰まっているかを測る体験をしました。そのエクササイズで学んだように，マインドフルに，集中して，幸せで，充実した生活を送るためには，バランスが重要です。ADHD——そして，実行機能の難しさ——を持っている若者のために，このバランスを見つけるためのタイムマネジメントと整理整頓のスキルを実施することは特に重要です。整理整頓して，効果的にタイムマネジメントすることは，学業に役立つだけでなく，社会的な交流や他の日常的なタスクにも役立ちます。時間の経過を追うことが難しくなると，生活全般の管理が難しくなり，学校や職場，対人関係での失敗につながる可能性があるのです。

タイムマネジメントし，整理整頓することは，マインドフルになるもう1つの方法であることを覚えておきましょう。自分の時間，空間，持ち物を整理することで，他の活動においても，マインドフルな状態でいることが容易になります。後の章では，どのようにして整理整頓された状態になるかのヒントやエクササイズを紹介しますので，ご安心ください！

その点を心にとめながら，時間に注意を向けて，その後，何が起こっているか，または起こるべきであるかをふり返ることは，ペースを落とすために（時には完全に一時停止するために），役に立ちます。時間は抽象的で目に見えるものではないので，時間が具体的で目に見えるものになるツールの使い方をご紹介します。これは重要です。

時間に焦点を当てた作戦をとれば宿題をやりきることができますが，気が散るものを減らすことが重要であることを理解するのもまた大切です。ほとんどの場合，それは宿題や勉強の時間にマルチタスクをしないことを意味します。青年期になると，ソーシャルメディア，メール，電話の通知，音楽，そして単におやつを食べることまで，複数の気晴らしをする傾向が現れます。ティーンエイジャーの脳は，脳の持ち主をけむりに巻いて，マルチタスクによる悪影響を受けていないように思わせるでしょう。しかし，脳は一度に1つのことしか効率的にできないことが知られています。誰かが効果的かつ上手にマルチタスクを行うことが**できる**とすれば，それはその人たちが並外れた**ワーキングメモリ**を持っている証拠です。**ワーキングメモリ**とは，学習，推論，理解などの複雑な認知タスクを実行するために必要な情報を一時的に保存し，管理するため

の仕組みのことです。一方で，ADHDはワーキングメモリで苦労している場合が多いので，マルチタスクを<u>していない</u>ときの方が，より速く，よりうまく宿題をこなすことができることを理解しておくことが重要なのです。今後，マルチタスクかモノタスクか，についてさらに詳しく触れ，第4章では「宿題（課題）」に関して扱います。

　まずは，1週間の中でどのように時間を過ごしているかを考えることから始めましょう。学校，勉強，宿題，課外活動について検討してみましょう。これらの活動に対して時間を決めていますか？　もしそうなら，その時間を次のワークシートに記入してください。もしそうでない場合は，それぞれの活動にどれくらいの時間が費やされているか，あるいは費やされるべきかを見積もることができますか？

> **ヒント：タイムマネジメントによって，より整理されていると**
> **感じるほど，うまくやれていると感じることが多くなり，**
> **自尊心の増加につながります。**
> **視覚的なツールは，実行機能のスキルを強化するのに**
> **役立ちます。**

　ワークシートにスケジュールを記入したら，活動のスケジュールを立てることを日ごろ手伝ってくれそうな人と一緒に，それを見てみましょう。その人は，親御さんかもしれません。毎週決まっている予定をすべて記載するようにしてください。もう1つ気をつけなければいけないことは，計画にない出来事が常に起こるということです。そのため，スケジュールに柔軟性を持たせて，余分なストレスをあまり引き起こさずに生活できるようにすることが大切です。家族との食事会，誕生日会，体調不良で遅れた分の埋め合わせなど，定期的に起こりそうなことをブレインストーミング[訳注6]して検討してみましょう。他にも何か，起きそうなことだけれど毎週は起こらないものはありそうですか？

訳注6）ブレインストーミング（brainstorming）：参加者が意見を出し合い，自由に討議しながら独創的なアイディアを導き出す集団思考法。

ワークシート：

どのように時間を過ごしましょうか？

曜日	活動	時間
例：水曜日	学校 演劇部の稽古 宿題 夕食 テレビ シャワー（入浴）	午前8時〜午後3時 午後3時半〜5時半 いろいろ 稽古の後、でもたぶん少し宿題をしてから 午後9時（でも録画できる） 寝る前？　あるいは朝？
例：日曜日	数学の家庭教師 宿題	午後6時半〜8時 いろいろ——午後6時までには終わらせたい
月曜日		
火曜日		
水曜日		
木曜日		
金曜日		
土曜日		
日曜日		

週間スケジュール

　さて，次の**週間スケジュール**の表に，あなたのスケジュールを計画する準備ができました。「**どのように時間を過ごしましょうか？**」のワークシートを参考にして，カラーペンを何本か使い，週単位ですでに予定が入っている時間帯に書き込んだり，色を塗ったりします。決まっていない活動は記入しないでください。それらは，週ごと，または日ごとでスケジュールの空いているところに今後入れていくことができるでしょう。自分の時間がどこに費やされているのかの基本ができると，余分な時間がどれくらいあるかが見えてきます。そうすると，もっと効率的に時間が使えるように変更できる予定があるかどうかを確認することもできます。

ワークシート：週間スケジュール

月曜日	火曜日	水曜日	木曜日	金曜日	土曜日	日曜日
6 am	6 am	6 am	6 am	6 am	6 am	6 am
7 am	7 am	7 am	7 am	7 am	7 am	7 am
8 am	8 am	8 am	8 am	8 am	8 am	8 am
9 am	9 am	9 am	9 am	9 am	9 am	9 am
10 am	10 am	10 am	10 am	10 am	10 am	10 am
11 am	11 am	11 am	11 am	11 am	11 am	11 am
0 pm	0 pm	0 pm	0 pm	0 pm	0 pm	0 pm
1 pm	1 pm	1 pm	1 pm	1 pm	1 pm	1 pm
2 pm	2 pm	2 pm	2 pm	2 pm	2 pm	2 pm
3 pm	3 pm	3 pm	3 pm	3 pm	3 pm	3 pm
4 pm	4 pm	4 pm	4 pm	4 pm	4 pm	4 pm
5 pm	5 pm	5 pm	5 pm	5 pm	5 pm	5 pm
6 pm	6 pm	6 pm	6 pm	6 pm	6 pm	6 pm
7 pm	7 pm	7 pm	7 pm	7 pm	7 pm	7 pm
8 pm	8 pm	8 pm	8 pm	8 pm	8 pm	8 pm
9 pm	9 pm	9 pm	9 pm	9 pm	9 pm	9 pm
10 pm	10 pm	10 pm	10 pm	10 pm	10 pm	10 pm

　多くの場合，宿題は行う時間が決まっていない活動です。放課後や寝る前など，好きな時間に行うことが想定されています。しかし，宿題の時間を予定に組み込むことを意識していないと，空いている時間にずっと宿題をするはめになるということもありえ，それは生活のバランスを崩してしまうでしょう。思いがけない出来事による意図しないストレスを防ぐために，毎週意識して宿題を予定に組み込むようにすることが大切です。宿題の時間を予定に組み込む前に考えておくべきことがあります。

- 宿題は一晩にどのくらいの時間をかけてやる**べき**でしょうか？
- 宿題にかける時間は日によって違うのでしょうか？

　週間スケジュールを見て，宿題のための時間を書き出してみましょう。宿題にどれくらいの時間がかかるのかをより正確に把握するために，第3章では時間についてのエクササイズを行います。

> ヒント：バランスが重要ですので，
> 予定表には表れていないけれど
> 一息入れる時間も大切なことを考えながら，
> 宿題を予定に組み込んでみてください。

　週間スケジュールを記入したら，記入したスケジュールのコピーとともに，必ず手元に何枚か未記入のワークシートを用意するようにしてください。もし，親御さんと一緒にシートの確認をしていなくて1人で作った場合は，必ず親御さんに確認してもらってください。そうすれば，1週間の中で想定外の出来事を制限することができます。さて，あなたはマインドフルネスと，それがどのようにあなたの役に立つのかについて，詳しく学びました。あなたのスケジュールの中で，よりマインドフルに行うことができることが何かありますか？　もしあれば，その活動を黄色の蛍光ペンでマークしてみましょう。また，毎日のマインドフルネスの練習をスケジュールに追加するのもよいでしょう。朝や夜に追加することをお勧めします。今のところは，第1章で説明した深い

腹式呼吸をそのまま続けてみましょう。これからもっと作戦を学びますので，追々，それらも取り入れていくとよいでしょう！

ケーススタディ
―あなたと似ているティーンエイジャーたちより！

「両親のことは大好きなのですが，『家族での夕食の時間』が大きな問題になっていきました。夕食の時間になると，家族全員で食卓に座り，一緒に過ごすことになります。しかし，高校生になってからは，何かをしている真っ最中に，食事に呼ばれているような気がして困っていました。いつもです！

やがて，私は両親や妹とそのことで喧嘩になりました。夕食の時間は基本的に毎日同じ時間なのに，なぜそれが問題なのかと，家族はよく言いました。やっと集中できたと思ったら，そのとたん誰かにグイっと引っ張られる，それがどんな感じがするのか，みんなわかっていない，と私は家族に言いました。一方で，前より寝る時間が遅くなり，予期せぬことが起こると，いつでも不安でいっぱいになっていることに気づきました。宿題はやり終えたけれど，寝るのが夜中の３時になってしまうことも時々ありました。

１週間のスケジュールを立てることで，私のストレスは，物事を片付けるための時間がもっとあるといつも思いこんでいることからきているのだ，ということが理解できるようになりました。自分自身と学業のための時間がどのくらいあるのか，そして家族のために空けておく必要のある時間はいつなのかが見えてきました。プランニングに熱心に取り組むことで，時間をより有効に使えるようになっただけでなく，最終的にはまた夕食の時間が楽しみになったのです！」

―E.M. さん，16 歳

必ず習慣にしましょう！

今週は，一緒に学んだ 3 つのツールを使います。

- **マインドフルネス瞑想記録用紙**
  - ―この章の最後に，追加のマインドフルネス呼吸瞑想のスクリプトがあります。身近な人にスクリプトを読んでもらい，その声を録音するとよいでしょう。
- **食べることへのマインドフルな気づき**：これは，あなたが食べる際，何を感じているかに気づくのに役立ちます（たとえば：味，見えているもの，におい，体の感覚）。
  - ―今週は毎日，レーズンエクササイズの時と同じように注意を払いながら，少なくとも 1 食（または 1 食の 1 部）を食べてみましょう。
- **週間スケジュール**を宿題の予定を立てるために使ったり，マインドフルネスの練習のリマインダーとして使ったりしましょう。

ワークシート：

マインドフルネス瞑想のスクリプト

時間：３分間

数分間のマインドフルネスの練習を始めましょう。目を閉じたほうが心地よければ，そうしても構いません。また，視線を緩めて目の前の床に落としてもよいでしょう。あなたが抱えているかもしれないものをすべて手放しましょう。

椅子に座って，背筋をまっすぐに，でも堅くならないようにして，快適な姿勢を見つけましょう。肩の力を抜いて，顔の筋肉も緩めて，手は太ももや膝の上に楽に乗せます。

無音の間（休止）

では，鼻から深く息を吸って，その息を口から吐き出します。かすかな音を立てながらゆっくりと長く息を吐き出すようにしましょう。これを２～３回繰り返します。

無音の間（休止）

今度は，鼻の穴から，音を立てずに息を入れたり出したりします。吸う息と吐く息に注意してください。

無音の間（休止）

今やるべきことは１つだけです。あなたの呼吸の動きを感じてください。呼吸する感覚にただ気がついているようにしてください。

無音の間（休止）

ベルの音が聞こえるまで，吸う息と吐く息に注意を払ってください。

ワークシート：

マインドフルネス瞑想記録用紙

___月___日からの1週間：

日付（曜日）	練習しましたか？	気づいたこと・感想
/ （　）		
/ （　）		
/ （　）		
/ （　）		
/ （　）		
/ （　）		
/ （　）		

第3章 意図的に集中すること

C：Concentrate on Purpose

学びましょう！

- 集中力と意識の焦点：マインドフルネスは集中力にどのように役立つのでしょうか？

使いましょう！

- マインドフルネス・エクササイズ
  - **―私の周りの世界！**
  - **―日常的な活動**
- タイムマネジメントする：**宿題オーガナイザー**（宿題管理表）
- マインドフルネス・エクササイズ：**S.T.O.P**

必ず習慣にしましょう！

- **マインドフルネス瞑想記録用紙**
- **日常的な活動**
- **宿題オーガナイザー**

集中力と意識の焦点：
マインドフルネスは集中力にどのように役立つのでしょうか？

　マインドフルネスは，注意，認知，および自己制御の力を高めるのに役立つトレーニングのひとつといえるでしょう。マインドフルネスの練習をすればするほど，実行機能を担当している脳の部位をより強化することになります――ちなみに，この部位はほとんどの場合，ADHDによって影響を受けているところと同じ部位です。ここでは，実行機能とマインドフルネスの練習によってもたらされるサポートについて説明します。

　注意　ADHDをもつ人は，必要なときに集中し，注意を払う，ということに苦労することがよくあります。たとえば，面白くて魅力的なタスクをするときには集中力がとても高まるかもしれませんが，そうなるとこんどは，いつそのタスクをやめ，次のタスクに移ればよいのかを認識することが難しくなります。あるいは，もっと日常的で刺激的でもないけれど，とにかくやり遂げる必要がある他の活動には，集中し続けようと四苦八苦するかもしれません。マインドフルネスの練習により，自分の注意の状態をより意識するようになるので，この問題に対処するのに役立ち，必要なときに集中できるようになっていきます。たとえば，あなたが今取り組んでいる呼吸法のエクササイズは，より注意力を高めるのに役立つマインドフルネスのエクササイズです。気が散っていることを認識したときには，自分の呼吸に集中してみましょう。そうして，今のこの瞬間と場所に注意を戻してください。

　記憶　ADHDは，多くの場合，ワーキングメモリの障害を引き起こします。ワーキングメモリとは，実行機能のひとつです。ある活動をしている最中に使われることが多いので，「作業記憶」と呼ばれることもあります。たとえば，誰かに電話番号を教えてもらって電話をかける場合，その数字を自分の中で繰り返しながら番号を押しますが，その瞬間にワーキングメモリを使用していることになります。何か新しいことを学ぶとき，ワーキングメモリは一時的に心の中にその情報を保持し，すでに保存されている何かとそれを結びつけます。このプロセスによって，後でその情報を取り出すのが簡単になります。たとえば，新しい先生の名前を覚えようとするとき，身近な物やイメージに結びつけるかもしれません。先生の名前がグリーン先生であれば，緑色の芝生のことを思いつくかもしれません。その時に初めて，情報をワーキングメモリから長期記憶に移動することができるようになります。

　ADHDをもつ若者がワーキングメモリで苦労しているときには，学校で学び，覚えることが難しくなるおそれがあります。マインドフルネスの練習は，心がさまよっていることを認識したときや，タスクに集中していないことに気がついたときに何をすべきかを思い出させてくれることによって，ワーキングメモリに働きかけます。ある人がマインドフルネスの練習をしているときには，その人のワーキングメモリもまたマインドフルネスの練習をしているのです。

　感情調節　感情調節は，感情のバランスをとり，コントロールする能力ですが，ADHDをもつ人にとっては，こちらもまた生活の中で苦労する点です。

感情調節のスキルがよく発達していれば，効果的に自分の感情および衝動をコントロールすることができます。それに対して，感情を調節しにくい場合には，イライラしやすく，落ち着くのが難しくなるかもしれません。またそのために，衝動的な行動をしてしまうかもしれません。マインドフルネスは，自分の気分から目を背けたり，その気分があふれて心がいっぱいになっているように感じたりするということではなく，自分の気分によりいっそう気づくように手助けをすることによって，感情調節のスキルを向上させてくれます。また，衝動性を減らすことにも役立ちます。

　感情調節に役立つ練習の中には，自分の気分に名前を付けるというものがあります。つまり，評価しないで，体験を名付けるのです。評価しないというのは，客観的に偏りなく観察しているものを，他の人であっても同意するような言葉遣いでただ説明する，ということです。たとえば，「正しい」または「間違っている」と名前を付けずに，その気分がどういうものであるか（例「単なる気分」）を説明します。この作戦は，ある状況に過度に感情的または衝動的に反応（react）するのではなく，建設的に対応（respond）するための手助けをしてくれます。

　ストレスへの対処　ストレスは誰もが生活の中で経験するよく見られる問題ですが，現代の若者は過去に比べてより多くのストレスを経験しています。ADHD をもつ若者にとってストレスは，多くの場合，ADHD の症状のために質の高い生活を送りにくいという苦労がある分だけ大きくなります。マインドフルネスの練習をすることで，体をリラックスさせ，現在進行中のストレスの生理的な影響を軽減することができます。また，よりポジティブな感情を体験することができるようになり，さらには，より自分自身を受け入れることができるようになります。このことによって，身体と脳の機能が改善される可能性があります。

マインドフルネス・エクササイズ：

私の周りの世界！

　前章で学んだように，マインドレスになるのは簡単です。自分の周り
にあるものを認識しないで，自動操縦で毎日を過ごすことはよくあるこ
とです。

　次のエクササイズは，立ち止まって，周りの環境にもっとつながるこ
とができるようにする 1 つの例です。前にも述べたように，マインド
フルネスの練習をすればするほど，生活の他の部分にも簡単に注意を払
うことができるようになります。

　この体験では，あなたが今どこにいるかについて，まず 1 分間考え
てみてください。

　自分の家にいますか？

　公共の場所ですか？

　もし自分の家の中にいるとしたら，具体的にはどの場所にいますか？

　では，できれば，筆記具とこの本を持って，今いる場所の外に出てみ
てください。家の中の別の場所に行ってもいいし，玄関や裏口の外に出
てもいいでしょう。公共の場所にいる場合は，そのスペースの別の場所
に移動するのもいいでしょう。移動できない場合には，今いるところに
とどまっていても構いません。いづれにしても，一旦興味の持てる新し
い場所を見つけたら，見ているものをマインドフルに観察してください。

ワークシート：
私の周りの世界！

何が見えますか？

_____

_____

_____

形，色，質感は？

_____

_____

_____

動きますか？　どのように？

_____

_____

_____

小さいですか？　大きいですか？

_____

_____

_____

他にどんなことを感じますか（聞こえる，においがする，など）？

_____

_____

_____

次の白紙のページに，見えるものを描きましょう。

ワークシート：
スケッチ用ページ

ワークシート：
日常的な活動

　私たちは毎日，日常的な活動に参加していますが，通常は，自動操縦で行っています。これらの日常的な活動にマインドフルに気づくことで，私たちは意図的に集中することを選択し，結果としてより集中力が高まります。この次のエクササイズは，今行っていることに注意を払う方法のもう 1 つの例で，集中力の向上につながるものです。日常的な活動を以下のリストから 1 つ選ぶか，自分で書いてみてください。

この 1 週間の間に試みる活動を次の中から 1 つ選びましょう：

____シャワーを浴びる（お風呂に入る）　　____寝る準備をする

____顔を洗う　　　　　　　　　　　　　　____歯を磨く

____ソーシャルメディアを使う　　　　　　____メールをする

____着替えをする　　　　　　　　　　　　____食事をする

____自転車で学校に行く　　　　　　　　　____バイクや車を運転する

____バッグ（リュック）に荷物を詰める

____その他：_____

リマインダーを設定するのを忘れないようにしましょう！

　今日からの 1 週間は，自分がしていることに意識を向けてみてください。たとえば，歯を磨いている場合は，ブラシの感覚に焦点を当て，歯磨きの味を感じ，口の各部分をどのくらいの間磨いているのか，数えてみてください。別の例では，たとえば，髪を洗っているときに，シャンプーが泡立つのを感じ，その後，水が泡を洗い流すのを感じる，というようにしてみましょう。

　日常的な活動の中でマインドフルネスを速やかに進めていくために，視覚的なリマインダーを用いる方法があります。日常的な活動で目にするいろいろな場所に，色の付いたステッカーを貼ってみてはいかがで

しょう。食べるときにマインドフルでいることを思い出すために，冷蔵庫の上に 1 枚貼りましょう。歯を磨いているときにマインドフルでいることを思い出すために，洗面所の鏡の上に 1 枚貼ってもいいでしょう。覚えておいてください。これらの日常的な活動をマインドフルに行うことは，まだ**習慣**にはなっていません。つまり，成功するためには助けが必要なのです！　ほかにどこにステッカーを貼るとよいか考えて，ここに書きましょう。

1. _____
2. _____
3. _____
4. _____
5. _____
6. _____

> ヒント：ステッカーのほかにも，携帯電話（スマホ），
> タブレット，コンピュータにアラートやリマインダーを
> 設定して，所定の活動をマインドフルに行うことを
> 忘れないようにすることもできます。

タイムマネジメントする：宿題オーガナイザー（宿題管理表）

　集中することが苦手な人は，タイムマネジメントするのが難しいことがよくあります。特に宿題や勉強をするときには，イライラしてしまいがちです。学校や課外活動に費やす時間を考えると，宿題やその他のタスクにどれくらいの時間がかかっているかを把握しておくことは大切です。これらのタスクにかかる時間を見積もることができるようになると，他の楽しい予定を立てることができ，また，息抜きの時間も持つことができます。私たちは皆，多くの場合，タスクが完了するまでにどのくらいの時間がかかるかについて，無意識のうちに予測しています。この考えは時には正確ですが，正確でない時もあります。

　私はこのことを，体内時計と体外の（すなわち実際の）時計のせめぎ合いだと考えるのが好きです。あなたの体内時計は，「宿題はほんの少しだけよ」とあなたと両親に言うかもしれません。そうすると，あなたは用事をすませたり，夕食に出かけたり，ということをします。その後，家に帰ってきて宿題に取りかかると，その時点で，実際にはもっと多くの時間がかかることに気がつきます！　両親はその後，あなたが「嘘をついた」と思って腹を立てることもあるでしょうが，実際には，あなたの体内時計が正確ではなかっただけなのです。**宿題オーガナイザー（宿題管理表）**は，あなたの体内時計を実際の時計と一致するように働かせるのに役立つツールです。

宿題オーガナイザー（宿題管理表）の使い方
- 宿題 1 つにつき 1 行で記入してください。
    - ――同じ行に 1 つの科目の複数の宿題を入れないでください。たとえば，数学の宿題が 3 つあるのなら，3 つ別々に書いてください。
- 次に，期限を書いてください。期限は明日ですか，それとももっと後ですか？
- それぞれのタスクにどれくらいの時間がかかるか，見積もってみましょう。1 時間以上かかる場合は，宿題を分割できるかどうか見てみましょう。
- すべてを書き出したら，見積もった時間を足し算して，宿題にどれくらいの時間が必要かを把握しましょう。
- **週間スケジュール**（第 2 章）を見て，宿題を完了するために割り当てられた時間を確認してください。

- では，宿題を終わらせる順番を決めて，優先順位の欄に記入しましょう。
  寝るのが遅くなるようであれば，短い休憩時間をうまく利用してみてください。たとえば，学校とスポーツの間に短い休憩時間がある場合は，
  そこで，ちょっとした宿題をすることができるかもしれません。

> **ヒント：できれば，最初に難しい宿題をやるようにしましょう！**
> **元気が回復しやすくなり，集中できるようになります。**

性暴力被害の心理支援

齋藤 梓　岡本かおり=編著　　　　　　　　　　　　　　3520円

女性のこころの臨床を学ぶ・語る

心理支援職のための「小夜会」連続講義

笠井さつき　笠井清登=編著　　　　　　　　　　　　　3850円

心理療法的関係性

「現代的不幸」の時代における人と人との小さな対話

渡辺雄三=著　　　　　　　　　　　　　　　　　　　4620円

息子は生きづらい

"トランスジェンダー"をめぐる家族の物語

又栄政=著　　　　　　　　　　　　　　　　　　　　3740円

精神療法 Vol.49 No.1

[特集] 逆説的介入を
日常臨床に活かす

○○円

下山晴彦・北西憲二・井合真海子・佐渡充洋・深沢孝之・齋藤順一・熊野宏昭・中村伸一・鶴光代・小森康永・林直樹・神田橋條治・原田誠一・滝上紘之・八木剛平・山中康裕・成田善弘・平木典子・真栄城輝明・山田秀世・内村英幸　ほか

臨床心理学 Vol.23 No.1

[特集] 怒りとは何か？
──攻撃性と向き合う

○○円

橋本和明・村瀬嘉代子・村中直人・豊見山泰史・中尾智ania・小林亜希子・小林桜児・野坂祐子・井上祐紀・西井開・門本泉・金子周平・湯川進太郎・森茂起・毛利真弓・森岡正芳・村井亮介・岩壁茂・坪田祐季・川野健治・中村香理・鈴木拓朗

注文のご案内

○○ご注文の場合、クレジットカード決済による前払い、または代金引換にて発送致します。クレジット決済の場合、書籍は送料600円、雑誌のみの場合は送料400円。税込1万円○のご注文で送料無料となります。代金引換の場合、冊数に関わらず書籍は送料1000円、○のみの場合は送料800円。税込1万円以上のご注文で送料500円となります。

金剛出版

〒112-0005　東京都文京区水道1-5-16
電話 03-3815-6661　FAX 03-3818-6848　https://www.kongoshuppan.co.jp/

No.011

復職のためのセルフ・トレーニング・ワークブック
メンタル不調に陥ったときの処方箋

中村美奈子=著

メンタル不調に陥った時どうすればいいのか。休職の不安に寄り添いながら復職までの道のりを当事者と一緒にサポートする一書。

2970円

トム・アンデルセン 会話哲学の軌跡
リフレクティング・チームからリフレクティング・プロセスへ

矢原隆行=著・訳／T・アンデルセン=著

世界中の会話実践を友として支えるなかで彫琢されたアンデルセンの会話哲学に、代表的な論文二編と精緻な解説を通して接近する。

3080円

強迫症を克服する
当事者と家族のための認知行動療法

矢野宏之=著

強迫症は本人がとても苦しくなり、また、家族が巻き込まれてしまうこともある。本書では事例を盛り込み誤解のない理解を目指す。

3520円

周産期メンタルヘルスにおけるボンディング障害
日本語版スタンフォード面接を用いた新しいアプローチ

吉田敬子=編著／錦井友美 末次美子 山下洋=著

精神疾患の母親に質問と自己記入式アンケートを実施し、母子のメンタルヘルスを正しく評価するための有効な面接法である。

4620円

サンプル：宿題オーガナイザー

優先順位	科目	宿題	期限	見積もった時間	実際にかかった時間	完了できたか
1	歴史	7章を読む	1/10	30分	41分	○
2	歴史	7章の設問に答える	1/10	30分	27分	○
3	国語	読んで意味の分からない語句を辞書で調べる	1/10	45分	33分	○
4	英語	ディスカッション用の質問を考える	1/10	45分	55分	×
5	理科	2章を読む	1/11	30分	30分	○
6	数学	19ページ 問題2〜36までの偶数番号の問題	1/11	30分	46分	○
7	数学	2章のテスト	1/18	―	―	○
8	数学	テストに関する面談について先生にメール	1/11	5分	2分	○

学校の授業が終わったらすぐに，やらなければならないすべてのタスクが，頭の中に入ったばかりのタイミングで，**宿題オーガナイザー（宿題管理表）**に記入するようにしてください。それができない場合は，家に帰ったら他のことをする前に，まず宿題オーガナイザーに記入してください！　こうすることで，夜の残りの時間をより効果的に計画することができます。宿題の計画を練るときは，**週間スケジュール**を必ず手元に置いておきましょう。宿題をしやすい日としにくい日があるかどうかを見てみましょう。本当に忙しくて（それで，いつもより疲れているかもしれない），そのために余計，宿題に時間がかかる日がありますか？　前もって勉強したり，一晩休んだりすることはできますか？

　それぞれの宿題に取りかかる際には，時間を計るものを必ず用意してください。ひとつひとつの宿題を終わらせるまでにかかった**正確な**時間（見積もった時間ではなくて）を知りたいので，ストップウォッチ機能を使用するとよいでしょう。携帯電話（スマホ）やタブレットを使用している場合には，機内モードに設定して通知が来ないようにしてみて，その間にそれぞれの宿題を終わらせるのにかかる時間が，通知が来る設定をした時間よりも短くなるかどうかを確認しましょう！

　時間を計っているので，宿題をしている最中には立ち上がりたくなりません。時間がかかる宿題がある場合は，2つまたは3つの小さな宿題に分けることができるかどうか検討してみるとよいでしょう。そこで，それぞれの宿題を始める前に，次のことを確認してください。トイレはいいですか？　水を飲む必要がありますか？　もう一度言いますが，それぞれの宿題の時間を別々に計ってください。終わったら，実際にかかった時間を書いてください。そして，次の宿題に移りましょう。これを毎日行って，見積もった時間と実際の時間を比較して何らかの変化が認められるかどうか見てみましょう。

　次のページの，今日の宿題用の**宿題オーガナイザー（宿題管理表）**ワークシートに記入しましょう。今日の宿題がない場合や学校の休業期間中の場合は，宿題ではないタスクを加えることを考えてみてください。たとえば，朝の準備にかかる時間や，部屋の掃除にかかる時間を見積もることができます。また，実験的に，ソーシャルメディアやゲームなどにどのくらいの時間が費やされているかを推測してみてもよいでしょう。そして，実際にそれらのことをやっている時間を計ってみて，見積もった時間とどのくらい近いか，または離れているかを見てみましょう。

<u>ワークシート：</u>

宿題オーガナイザー（宿題管理表）

日付　（　　　／　　　）

優先順位	科目	宿題	期限	見積もった時間	実際にかかった時間	完了できたか

マインドフルネス・エクササイズ：

S.T.O.P.

　ここに示すエクササイズは，ペースを落とし，心身を落ち着かせ，体験していることに興味を持つようになるために，いつでも使うことができるマインドフルネス・エクササイズです。私たちが体験する気分や思考，感情はすべて今だけのものであることを，自分自身に思い出させることが重要です。

　これは，宿題を始めようとしているときや，心が何かに圧倒されているときに，非常に役に立つテクニックです。この章において，宿題に費やされる時間を書き出し見積もっていく過程で圧倒されるような感じになることは当然のことです。ストレスをすでに感じている場合には特にそうでしょう。このような場合には，

S＿今，していることを止めます（stop）。

T＿何回か深呼吸をしましょう（take a breath）。鼻から吸って，口から吐きます。ゆっくりと。これまでに練習してきた３分間の呼吸瞑想をしてもよいでしょう。

O＿今，経験していることを観察（observe）しましょう。何を考え，感じていますか？　今，気づいていることをじっくりと検討し，思考は事実ではないことに気づくとよいでしょう。思考は永久的なものではありません。今感じている感情に名前を付けましょう。自分の体を観察してください。

　　どのように座っていますか？　痛みはありますか？　リラックスしていますか？　他にはどのようなことがありますか？

P＿開かれた，好奇心旺盛な，そしてマインドフルな心を持ちつづけましょう（proceed）。

必ず習慣にしましょう！

- **マインドフルネス瞑想記録用紙**
  —第2章で行った呼吸のエクササイズや，この章で学んだエクサ
  サイズ（**私の周りの世界**，**日常的な活動**，**S.T.O.P**）をやって
  みましょう。
- **日常的な活動**：どの活動を選んでも，選んだ活動についてはマインド
  フルな状態でいるようにすることを忘れないようにしましょう。覚え
  ておくのが難しい場合は，別の活動を試してみてください！
- 毎日，**宿題オーガナイザー（宿題管理表）**に記入してください。宿題（学
  校がない場合や休暇中の場合は，他のタスク）のために必要です。そ
  れぞれの宿題を開始する前に，必ず見積もった時間を書き留めておき，
  それから，ストップウォッチを使って時間を計りましょう。

ワークシート：

マインドフルネス瞑想記録用紙

____月____日からの１週間：

日付（曜日）	練習しましたか？	気づいたこと・感想
／ （　）		
／ （　）		
／ （　）		
／ （　）		
／ （　）		
／ （　）		
／ （　）		

第4章　楽しい宿題

H：Happy Homework

学びましょう！

- 宿題について：それはストレスの原因となりやすいもの
  ―私のストレスについてのまとめ

使いましょう！

- 宿題と学校の勉強に取り組むための作戦
  ―長期用プランナー（予定表）
  ―長期用プランナーは役に立つのでしょうか？
- 前向きな捉え方の重要性
  ―前向きな振り返り

必ず習慣にしましょう！

- **毎日の感謝の振り返り**
- **マインドフルネス瞑想記録用紙**
- **宿題オーガナイザー**
- **長期用プランナー**

宿題について：それはストレスの原因となりやすいもの

　あなたがティーンエイジャーであれば，おそらくそれなりの量のストレスを経験していることでしょう。ストレスがあると，宿題を含む日常的なタスクに集中しにくくなります。また，負のサイクルにも陥りやすくなります。たとえば，宿題の量に関してストレスを感じることがよくあるかもしれませんが，そうすると，その宿題をやり終えることが難しくなり，宿題に取りかかる前よりも，さらにストレスを感じるようになります！　おそらく，ストレスが強くな

りすぎて宿題を避けようとしたり，宿題の期限を過ぎてしまったりすることもあるでしょう。もしそうなら，そのストレスが大きすぎて解決できないと感じるような状況を後から作り出してしまったのではないでしょうか？　やり終えることが大切だとわかっている**（夏休みの自由研究のような）調べ学習**に取りかかろうとしたけれど，あまりに大変そうで，どこから始めればいいのか見当もつかなかったことがありますか？　こういった状況はどれも，ADHD をもつ若者にとっては非常に普通で，よく見られることであるということを知っておいてください。

　前に進むために重要なのは，これらの状況が起こることが日常的でなくなってそれほど頻繁に起こらなくなるような土台を築くことです。おそらく，こういった状況がまったく起こらない日もあるでしょう。この章の目標は，自分のストレスにきちんと向き合い，ストレスをあるがままに受け止めて，前向きで，建設的なやり方で対処するための計画を立てられるようになることです。あなたがストレスから影響を受けることが減るような工夫をいくつか試してみるには，まずは，毎日の生活の中で何がストレスの原因となっているのか認識することが重要です。次の「私のストレスについてのまとめ」では，あなたの生活に最もストレスをもたらすものをリストアップします。

<u>ワークシート：</u>

私のストレスについてのまとめ

1. ＿＿＿＿＿＿＿＿＿＿＿＿＿＿＿＿＿＿＿＿＿＿＿＿＿＿＿＿＿＿
2. ＿＿＿＿＿＿＿＿＿＿＿＿＿＿＿＿＿＿＿＿＿＿＿＿＿＿＿＿＿＿
3. ＿＿＿＿＿＿＿＿＿＿＿＿＿＿＿＿＿＿＿＿＿＿＿＿＿＿＿＿＿＿
4. ＿＿＿＿＿＿＿＿＿＿＿＿＿＿＿＿＿＿＿＿＿＿＿＿＿＿＿＿＿＿
5. ＿＿＿＿＿＿＿＿＿＿＿＿＿＿＿＿＿＿＿＿＿＿＿＿＿＿＿＿＿＿
6. ＿＿＿＿＿＿＿＿＿＿＿＿＿＿＿＿＿＿＿＿＿＿＿＿＿＿＿＿＿＿
7. ＿＿＿＿＿＿＿＿＿＿＿＿＿＿＿＿＿＿＿＿＿＿＿＿＿＿＿＿＿＿
8. ＿＿＿＿＿＿＿＿＿＿＿＿＿＿＿＿＿＿＿＿＿＿＿＿＿＿＿＿＿＿

　これらの中で最もストレスを感じるものを２つ選ぶなら，どれとど
れですか？

＿＿＿＿＿＿＿＿＿＿＿＿＿＿＿＿＿＿＿＿＿＿＿＿＿＿＿＿＿＿＿＿
＿＿＿＿＿＿＿＿＿＿＿＿＿＿＿＿＿＿＿＿＿＿＿＿＿＿＿＿＿＿＿＿
＿＿＿＿＿＿＿＿＿＿＿＿＿＿＿＿＿＿＿＿＿＿＿＿＿＿＿＿＿＿＿＿

　ストレスを軽減するために，これまでに効果があったことは何ですか？

＿＿＿＿＿＿＿＿＿＿＿＿＿＿＿＿＿＿＿＿＿＿＿＿＿＿＿＿＿＿＿＿
＿＿＿＿＿＿＿＿＿＿＿＿＿＿＿＿＿＿＿＿＿＿＿＿＿＿＿＿＿＿＿＿
＿＿＿＿＿＿＿＿＿＿＿＿＿＿＿＿＿＿＿＿＿＿＿＿＿＿＿＿＿＿＿＿

　この本でこれまでに学んだこと（**呼吸瞑想，週間スケジュール，宿題
オーガナイザー，マインドフル・イーティング，S.T.O.P.**）について
思い出してください。これらのどれかが，あなたの２大ストレスを減らす
のに役立つと思いますか？　他にも役立ちそうな活動がありますか？

＿＿＿＿＿＿＿＿＿＿＿＿＿＿＿＿＿＿＿＿＿＿＿＿＿＿＿＿＿＿＿＿
＿＿＿＿＿＿＿＿＿＿＿＿＿＿＿＿＿＿＿＿＿＿＿＿＿＿＿＿＿＿＿＿
＿＿＿＿＿＿＿＿＿＿＿＿＿＿＿＿＿＿＿＿＿＿＿＿＿＿＿＿＿＿＿＿

宿題と学校の勉強に取り組むための作戦

　第3章では，体内時計を鍛えるためのツールとして**宿題オーガナイザー**を紹介しました。その週の活動を実行していくうちに，自分の見積もった時間が実際にかかった時間と一致しなかったことに気がついたかもしれません。でももちろん，教科によっては他の教科よりも正確だった，というものもあったかもしれません。また，レポートを書くといったような，特定のタイプの宿題は，数学の問題を解くといったような他の宿題よりも時間がかかったことにも気づいたかもしれません。あるいは，その逆もあるかもしれませんね！　これは個人的な体験であり，正しいとか，間違っているとかではありません。

　また，携帯電話を機内モードにしたときと，通知が自由に来るようにしていたときの違いに気づいたかもしれません。多くの場合，機内モードに変更すると，宿題にかかる時間が大幅に減ります。通知が入ってこないようにすると，集中し，宿題に費やす時間を減らす（そして，より生産的に時間を過ごす！）ことがより簡単になります。体内時計が変化するのには時間がかかります。ですから，見積もった時間と実際の時間が近づくか，同じになることに気づくまで，このエクササイズを続けてください。

　宿題オーガナイザーをご紹介したとき，大きな宿題をより小さなかたまりに分割することをお勧めしました。この理由の1つとして，若者（大人でも）は，物事を後回しにして，ぎりぎりになるまで先延ばしにするのが一般的だからです。特に大きなタスクや，期限がずっと先にあるものになると，そうなります。この先延ばしにする傾向は，時間の経過を追うことができないことから起こりますが，それは，タイムマネジメントのスキルが，習得しにくいものだからです。しかし，放置しておけば，慢性的な先延ばしと不十分なタイムマネジメントによって，学校での失敗や対人関係の困難を引き起こす可能性があります。**メタ認知**は，一般的に，自分自身の思考プロセスに気づいていることを指します。それは，スローダウンし，一時停止し，何が起こっているかをじっくり考えることを促し，時間を意識できるようにしてくれます。要するに，S.T.O.P.法は，必要なときにあなたの感情を調節し，物事をスローダウンさせるためのメタ認知を目的としたツールなのです。

　勉強と感情とはかなり異なっているように見えますが，勉強は感情に対するのと似た方法で管理することができます。（夏休みの自由研究のような）長期

的な調べ学習や宿題を毎日のタスクに分けることで，脳を鍛えて時間の見方を変えるだけでなく，その「最後の最後」に詰め込む感じを防ぐことができます。長期的なタスクがあるとき，**長期用プランナー（長期用計画表）**は，前もって計画し，先延ばしを防ぐことができる効果的なツールです。大きなタスクを計画しようと思うと圧倒されてしまいがちですが，計画ができれば，ストレスや圧倒された感じの度合いが大幅に軽減されるでしょう。

使い方

- 1 日または 2 日以上かかるような宿題が出た場合は，扱いやすい分量にタスクを分解するために**長期用プランナー**を使用します。
- タスク，期日，そしてそれを完了するのに何日あるかを記入することから始めます。
- そして，「1 日目，2 日目……」と書いてあるところに，日付／曜日を記入します。
- 次に，タスクを完了するのに何日あるかを見ることができるように，「期日」と「期日までの日数」の欄に書き込みます。
- 最後に，どのようにタスクに取り組むかを考えてみてください。どの順番で作業しますか？　最初に資料を整理してから，テスト対策ノート（プリント）を作る必要がありますか？　すでにテスト対策ノート（プリント）やメモなどを持っていますか？　もしそうなら，復習して，知っていることを書き出す練習をしたいですか？

　次のページでは，**長期用プランナー**の使用方法の 3 つの例を紹介します。これらの例は，作文やテストのためにどのようにプランナーを使用することができるかについて，いくつかのアイディアを与えてくれます。最初の 2 つのプランナーのサンプルは，7 日間の期間をカバーしていますが，必要に応じて，より長い期間，またはより短い期間で使用することができます。たとえば，最後の例では 21 日間にわたっており，すべての中間テストや期末テストの勉強のプロセスをどのように分解することができるかを示しています。

長期用プランナーのサンプル（No.1）：

歴史のテスト

調べ学習／テスト／宿題：南アメリカに関する歴史のテスト

期日：3／17　期日までの日数：7日

1日目 土曜日	2日目 日曜日	3日目 月曜日	4日目 火曜日	5日目 水曜日	6日目 木曜日	7日目 金曜日
復習	学習	関連付け	学習	復習	まとめ	テスト
クラスでのディスカッションやレポートなどを見直す すべての教材や宿題を整理する すべての作業を対策ノートにまとめる **たとえば、章の小見出しを書き出し、授業で習ったらポイントをまとめておく（必ず、知っておく必要がある内容の概要を知るのに最適です	（コンピュータ上で）重要な用語と定義をまとめた表を作成する 定義だけの空白の表と、重要な用語だけの表を作る（コンピュータで作成し、プリントアウトすると（便利） （何も見ないことと。②と③を断テストをする フラッシュカードを作ると、うまくいく人もいる	重要な用語を章の中の部分と関連付ける たとえばなぜこれを知っておく必要があるのか？ なぜこれが重要なのか？ と自問する このことについて（他②を知っているか？ **誰かに、または、章の内容を自分の言葉で教える声を出して教えるのは、とても良い勉強方法です	南米の他②を覚える コンピュータで②他②を探す（ゲーグル②の面（全）または先生からもらう （何枚かプリントアウトし、100％正確に答えられるまで書き込む	キーワードの表の穴埋めをする ④他⑧の穴埋めをする ⑥人に資料の内容を教えてみる。他⑧、キーワード、メモの間に関連性を待たせて 知識を深めるため、⑥他②に質問を問いかけ続ける	1週間を通してで②に学習したことがあるので、新しい教材を学ぶ必要がなくなっていることが目標	

長期用プランナーのサンプル（No.2）：
小論文またはレポート

調べ学習／テスト／宿題：小論文またはレポート

期日：3/17　期日までの日数：7日

1日目 土曜日	2日目 日曜日	3日目 月曜日	4日目 火曜日	5日目 水曜日	6日目 木曜日	7日目 金曜日
研究（調査／主題）	概要	下書き	休み	改訂	校正	提出日
テーマを考える	概要の入力を開始する 調べるときには、できる限り詳細を記入する 必要に応じてさらに調査を行う	概要を参考にして下書きを書く 下書きを読み返してレポートがよくどみな（進んでいることを）確認する	十分な時間がある場合は、レポートを1日寝かせる もし時間がない場合は、レポートを校正して編集する	チェックを行う テーマに関する文 スムーズな移行文（連結部） 序論と結論 テーマの裏付け	レポートを声に出して読み校正をする 誰かにレポートを読んでもらって修正をしてもらう	

長期用プランナー

調べ学習／テスト／宿題 : _____

期日 : _____　　期日までの日数 : _____

1日目 土曜日	2日目 日曜日	3日目 月曜日	4日目 火曜日	5日目 水曜日	6日目 木曜日	7日目 金曜日

長期用プランナーのサンプル (No.3)：
<u>中間／期末試験（1ページ目）</u>

科目	試験日	試験までの日数	1日目 土曜日	2日目 日曜日	3日目 月曜日	4日目 火曜日	5日目 水曜日	6日目 木曜日	7日目 金曜日
数学			資料の整理と学習計画書の作成	第 2 章		第 3 章		第 4 章と 5 章	第 6 章
国語			資料の整理と学習計画書の作成	［漢字・語彙 1（語句の意味や漢字を覚える学習アプリを使ったら？）現代文問題集 1	［漢字・語彙 2 古典問題集 1	［漢字・語彙 3 現代文問題集 2	［漢字・語彙 4 古典問題集 2	［漢字・語彙 5 現代文問題集 3	古典問題集 3 教科書の見直し
理科			資料の整理と学習計画書の作成	すべての単元にテストを揃える	すべての単元にテストを揃える		単元 1		単元 2
歴史			資料の整理と学習計画書の作成		単元 1	単元 1	単元 2	単元 2	単元 3

長期用プランナーのサンプル (No.3)：

中間／期末試験 (2ページ目)

科目	試験日	試験までの日数	8日目 土曜日	9日目 日曜日	10日目 月曜日	11日目 火曜日	12日目 水曜日	13日目 木曜日	14日目 金曜日
数学			第7章		第8章	難しいセクションの練習問題	難しいセクションの練習問題	難しいセクションの練習問題	すべての復習
国語			漢字・語彙１と２ 教科書の見直し(現代文)	教科書の見直し(古典)	漢字・語彙１と２	教科書の見直し(現代文)	漢字・語彙１と２	教科書の見直し(古典)	漢字・語彙全部
理科				単元3		単元4		授業で行った実験や観察記録を見直す	
歴史			用語 単元4	用語 単元4	以前やったテストの復習		年表や出来事にかかわった人物について見直す	副教材などを使ってさらに詳しく出来事について調べる	

長期用プランナーのサンプル (No.3)：
中間／期末試験 （3ページ目）

科目	試験日	試験までの日数	15日目 土曜日	16日目 日曜日	17日目 月曜日	18日目 火曜日	19日目 水曜日	20日目 木曜日	21日目 金曜日
数学			練習問題	問題点の復習	勉強しない	期末テスト			
国語			すべての復習	模擬試験・学習アプリ。漢字・語彙。論述問題の練習	問題点の復習	勉強しない	期末テスト		
理科			誰かに教える(あるいは問題を出し合う)	すべての復習	模擬テスト	問題点の復習	勉強しない	期末テスト	
歴史			誰かに教える(あるいは問題を出し合う)		すべての復習	模擬テスト。記憶してきた年表を書き出し事をもう一度確認する	理解できていない部分の復習	勉強しない	期末テスト

長期用プランナー
中間／期末試験（1 ページ目）

科目	試験日	試験までの日数	1日目 土曜日	2日目 日曜日	3日目 月曜日	4日目 火曜日	5日目 水曜日	6日目 木曜日	7日目 金曜日

長期用プランナー

中間／期末試験（2 ページ目）

科目	試験日	試験までの日数	8日目 土曜日	9日目 日曜日	10日目 月曜日	11日目 火曜日	12日目 水曜日	13日目 木曜日	14日目 金曜日

長期用プランナー

中間／期末試験 (3ページ目)

科目	試験日	試験までの日数	15日目 土曜日	16日目 日曜日	17日目 月曜日	18日目 火曜日	19日目 水曜日	20日目 木曜日	21日目 金曜日

　ここまでの例を見てきて，**長期用プランナー**を使うと役に立ちそうなことが近々あるかどうか，考えてみてください。もしあるのなら，ぜひ，今すぐ記入してみてください。初めてプランナーを使用する場合には，記入する前にブレインストーミング（p.59 に脚注あり）をしてみると，役に立つことがあります。

> **ヒント：「長期用プランナー」を使用するときはいつも，**
> **毎日のタスクを「宿題オーガナイザー」に書き込むのを忘れな**
> **いでください。**

ケーススタディ
─「長期用プランナー」は，本当に役に立つのでしょうか？

　学生さんたちは，時に新しい仕組みを試すことにおじけづいてしまいます。私は以前クライアントだった人がお話しくださったことをみなさんと共有したいと思います。それはその人が，かつては今のみなさんとまったく同じ状況にあったからです。プランナーにまつわる彼女の体験やどのようにプランナーを生活に取り入れていったか（同様に，そうすることによって発見した利点についても）を聞くことは，その最初の一歩を踏み出す際の不安をいくらか軽減することに，大変役に立つでしょう。彼女は次のように書いています。

　「私は，高校でタイムマネジメントに大きな問題を抱えていました。幸いにも，私の問題は先延ばしではなく，むしろ，学期末に提出する大がかりな調べ学習や定期試験のための差し迫った締め切りを，どうやって作戦を立てて乗り切るかが問題になっていました。これらのタスクを完了するためには，手間と労力が必要になり，それが難題として頭にのしかかるため，不安が募り，作業の質が落ちてしまうことがよくありました。さらには宿題やテストも問題になり始め，生活の他の側面，つまり，課外活動，社会生活，そしてとりわけメンタルヘルスに悪い影響を

及ぼしていきました。

　メリッサ先生は私に，それまで見たことがない計画のテクニックを2つ紹介してくれました。それが，宿題オーガナイザーと長期用プランナーでした。宿題オーガナイザーは，典型的な市販のプランナーより一歩先を行ったものでした。「時間」というラベルのついた枠があって，その宿題やその勉強にどのくらい時間がかかるかを見積もるよう働きかけていたのです。これは，2つの点で私には役に立ちました。1つめに，宿題オーガナイザーを使うと，指定された時間の範囲を守ろうとすることによって，自分が宿題に集中することに責任を持つようになりました。資料にもっとうまく取り組み，より多くの情報を保持し，効率を上げようとしたのです。これの利点は，私に必要だったワークライフバランスの感覚を植え付けてくれました。いつ止めるべきかを思い出すことができるように，時間制限を守って，本を閉じるようにしていました。試験のための教材があることを知っていると，勉強をやめるタイミングに気づくのが難しくなることをメリッサ先生が教えてくれました。制限時間を持つことで詰め込みや勉強しすぎを減らすことができました。この両方とも，この新しい宿題オーガナイザーを使うようになる前にはうまくできなかったことでした。

　長期用プランナーは，大がかりな調べ学習や試験をやり遂げるための作戦を計画できて非常に助けになりました。長期用プランナーの背後にある考え方は，宿題の提出期限日や試験日までの日数を明確に割り出し，その後，タスクを完了するために必要なことを，一度に全部ではなくて，毎日少しずつ記入する，というものです。これがまた，「迫ってくる」という気分から広がる不安のレベルを下げる効果となりましたし，学習スキルに向き合うという効果もありました。ノートや教科書を開いてマインドレスにただ情報を取り入れようとするのではなく，その日に勉強しなければならない単元をチェックリストとして書き留めるようになったので，そのテーマを1つのものとして扱わなくなり，情報をテーマ別にグループ化するようになりました。

　この2つの計画法は，高校時代の私の成功に欠かせないものであり，今でも大学での成果に大きな役割を果たしています。私は今，宿題を分解して，その「ゴリアテ[訳注7)]」のような存在を小さくし，勉強の作戦を

体系的に考えて，どのように資料に関わり，間隔をおいてタスクに取り組むかを決定することができています」

―E.G. さん，21 歳

　この利用者からのレターを読んで，このツールが大いに役立ちそうだと信頼して使ってみようと思う人が少しでも増えることを期待しています。E.G. さんのように，学生としての毎日の活動の中にそのツールを取り入れ始めたら，まったく違ってくることがわかって驚くことでしょう。

前向きな捉え方の重要性

　学校，家庭，社会的な期待をとおして，私たちは皆，日常的にさまざまな形でストレスを経験しています。あなたはすでに，ストレスを軽減するためのいくつかの方法を学んできましたが，ここでは，次の点で役に立つかもしれない別のツールを紹介します。それは，「前向きな捉え方を維持する」ということです。生活の前向きな側面に焦点を当てることで，後ろ向きな，よりストレスの多い側面とのバランスを取ることができ，さらには，体と心を落ち着かせることができます。幸せというものは，私たちの内面から生まれてくるので，生活の中でうまくいっていると自分が認識している点についてじっくり考えることが重要なのです。

訳注 7）ゴリアテ（Goliath）ゴリアト。旧約聖書中の人物。青年ダビデにより石投げで打ち殺されたペリシテ人の巨人。転じて，周辺の企業や国家などを圧迫する巨大な存在を言う。

<u>ワークシート：</u>

前向きなふり返り

あなたの生活の中で，親しみの持てるもので，ありがたいと感じることについて考えてみてください。それは，人物のような具体的なものかもしれませんし，思い出かもしれません。**あなたが考えていることを，下に書きましょう。**（例：おじいちゃんとおばあちゃんが私の出る劇を観に来てくれる）

_____

_____

_____

_____

これがあなたにとって何を意味するのか，また，その理由についてもっと書きましょう。（例：頑張って練習しようと思える。なぜなら，おじいちゃん，おばあちゃんは，頑張れば喜んでくれるから）

_____

_____

_____

_____

あなたにとって重要であるということを，そのことに関係している人たちは知っていますか？　知っている場合，どのように知っていますか？　そうでない場合は，知っているべきですか？（例：知っているべきだと思うから，今度会ったときに「おじいちゃん，おばあちゃんが来てくれると嬉しいよ」と伝えておこう）

_____

_____

_____

_____

　これからの1週間は，1日の中で起こった良いことに目を向けてふり返ってみましょう。寝る前に，感謝していることを日記に書き留めてみましょう。また，1日のスケジュールとその日の意図（こころざし）を考えて1日を始めることもできますし，これからの1日や1週間について，前向きに思いをはせることもできます。ストレスを引き起こしているものがあることに気づいた場合は，そういった気分や考えは長くは続かず変化していくものであることを思い出しましょう。また，より前向きになるように，自分の考えの言い回しを変えられるかどうか試してみることもできます。たとえば，学校の劇で役が付いている場合は，その日のポジティブな部分に焦点を当ててみてください。「セリフを覚えていられるかどうか自信がない」というような考えにとらわれるのではなく，「おじいちゃん，おばあちゃんが演技を観に来てくれるのはうれしいことだ」という点に目を向けるようにしてはいかがでしょうか。あるいは，大がかりな調べ学習などがあって緊張しているのであれば，「去年の今頃はストレスが溜まっていたけれど，その学期末の調べ学習は成績を上げる良い機会になった」と自分に向かって言ってみてください。同様に，テストのために勉強しているけれど，まだ完全に準備ができていない場合には，「ノートの80％はすでに完成している。その点はとても気分が良い」と言うのもよいでしょう。

　携帯電話にリマインダーを入れて，前向きな面に目を向け感謝する習慣をつけるようにしてみるのもよいでしょう。この章の最後には，感謝していることを書き留めるための**毎日の感謝のふり返り**というテンプレートがあります。

ケーススタディ
―あなたと似ているティーンエイジャーたちより！

　「高校1年のとき，私はとても怒っていました。裕福な家の子どもたちがたくさんいる学校に通っていましたが，その子たちは私が欲しくても手に入れられないものをいつも持っているように見えました。先生たちとは相性がよくありませんでした。引っ越してきたばかりで，友達もいませんでした。両親は私のことを理解してくれず，恩知らずだと思われ，喧嘩ばかりしていました。

　頭の中には後ろ向きな思いばかりがぐるぐると駆け巡り，なかなか寝

付けなくなりました。「貧乏で，頭の悪い子と友達になりたいと思う人なんていない。私の人生は永遠に苦しいものになるのだわ」と思っていました。怒りと傷つきの感情が激しく行ったり来たりしていました。

　メリッサ先生に言われて，初めて「毎日の感謝のふり返り」をしてみたとき，こんなのうまくいくはずない，と思いました。けれども，自分の周りのすべてのものを自分がどのように見ているのか，ということに——それはメリッサ先生が「絶対」と呼ぶ見方で見ているということに——気づくようになりました。たとえば，「**誰も**が楽な境遇にいるのに，私には**何もない**」とか，「**すべて**が間違っている」とか，「**誰も**私のことを気にしてくれ**ない**」という具合に思っていたのです。自分の生活についてマインドフルになることで，自分が楽しみにしていることや実際に自分を幸せにしてくれることについて，より良い考えが浮かぶようになりました。学校での生活の中で実際に自分が好きだと思うことが見えるようになったのです。また，自分が幸運に恵まれる日もある，ということもわかりました。

　今では，1日の終わりに前向きなことを考えるようにしています。ささいなことのようですが，これに目を向けることで，寝つきが良くなり，翌朝は前向きな気持ちで目が覚めるようになりました。また，両親との距離も縮まりました。両親がどれほど一生懸命に，素晴らしい生活を与えてくれようとしているのか，理解できるからです。今では良い友達がたくさんできました。

　前向きでいることは，自分で選択できることです。時には誰かにそのような選択のしかたを手助けしてもらう必要もあることを私は学びました。同年代の人に，感謝のエクササイズを本気で試し，一生役に立つかどうかを確かめてみて，と伝えたいです」

—S.B. さん，14 歳

必ず習慣にしましょう！
- マインドフルネス瞑想記録用紙
- 宿題オーガナイザーと**長期用プランナー**（**週間スケジュール**と関連づけて）
- 毎日の感謝のふり返り

<u>ワークシート：</u>

毎日の感謝のふり返り

私は次のことに感謝しています。

1. _____
2. _____
3. _____

今日起こった３つのすばらしいことは……

1. _____
2. _____
3. _____

明日をすばらしいものにするために，次の３つのことをすることができます。

1. _____
2. _____
3. _____

ワークシート：

マインドフルネス瞑想記録用紙

___月___日からの 1 週間：

日付（曜日）	練習しましたか？	気づいたこと・感想
/ （　）		
/ （　）		
/ （　）		
/ （　）		
/ （　）		
/ （　）		
/ （　）		

第5章　心を開いて受け入れること，整理できていること

O：Open and Organized

学びましょう！

- 自分の言動を整え，勉強するための新しいテクニックや手順に対して心を開いて受け入れることの重要性

使いましょう！

- 通学用バッグ（リュック）の中身と学習スペースを片付けましょう
  - マインドフルに通学用バッグ（リュック）を掃除して整理する
  - 「このプリントはどこにしまいますか？」
  - 学習スペースを整理する
- 学習法：あなたはどのタイプの学習者ですか？
  - **CITE 学習スタイル測定法**
    - **学習テクニック（勉強法）とアイディア**
    - **新しい学習テクニック（勉強法）**
    - **瞑想：テスト対策用の瞑想**

必ず習慣にしましょう！

- **学習スペースを整理する**
- **新しい学習テクニック**
- **テスト対策用の瞑想スクリプト**
- **マインドフルネス瞑想記録用紙**

勉強と整理整頓のための新しい作戦を心を開いて受け入れること

アメリカでは，小学生の頃，学校の先生がテスト勉強のやり方を教えてくれたりします。小学校低学年で先生が勧めることの多い方法には，フラッシュ

カードやワークシート（授業で使うプリント），テスト対策プリント[訳注8]を使うことや，テスト範囲を読み直したり，情報を暗記したり，マインドマップ[訳注9]を作ったり，といったことが挙げられます。また，学校の勉強を整理するための決まったやり方を教えられることもあります。どんな学用品が必要で，そのすべてをどうやって準備するのかを，先生が正確に教えてくれるのです。たとえば，小学校3年生の時の先生は，仕切りを使用するというその先生独特のやり方を使って，1つのバインダーにすべての科目を入れるように指導したりします。しかし，4年生になると，次の先生は，すべての科目を別々にして，リングノートを使うように指導したりします。あなたは小学生のころ，勉強法を教えてもらったことはありましたか？　どのような勉強法で学習していましたか？

　学年が上がり，教材がより複雑になるにつれ，以前使っていた方法が通用しなくなってきていることに気づくことがあります。学習をし始めたばかりのころの先生たちは，あらゆるタイプの学習者が基礎を築けるように，さまざまな方法を提示してくれていたのだということを自覚していることは大切です。しかし，もしそれらの方法が自分にとってもはや役に立たないことに気がついたら，自分の学習スタイルに合わせて勉強したり，整理したりしているかどうかを検討するときが来たということでしょう。この章では，さまざまな学習スタイルを探り，試してみるべき他の方法をお教えします。授業で期待されていることを大事にしつつ，これらの学習方法を実験し，自分の勉強に取り入れることを，先生方が許可してくださることが望まれます。

通学用バッグ（リュック）の中身と学習スペースを片付けましょう

　実際に学用品の整理整頓に入る前に，通学用バッグ（リュック）の中と学習のための場所に何があるかを見てみる必要があります。静かで，清潔で，すっきりと整理された学習スペースとバッグ（リュック）があれば，心のありかた

訳注8）アメリカの学校では「Study Guide」と呼ばれるテスト対策用プリントが配られることがある。テスト範囲の内容をまとめたもので，宿題として出されることもある。

訳注9）マインドマップ®（mind-map）は，イギリス人教育者トニー・ブザンによって発案された思考を整理するための方法。必要なものは，ペンと紙のみである。現在では広く世界のさまざまな分野で活用されている。

と学習をいかに効率よく進められるかといった点のどちらにも役立ちます。多くの人は，物が散らかっていると，不安を感じ，集中できなくなります。それはまた，親御さんや先生とのストレスにもつながりかねません。時間通りに家から出るために，急いで何かを持ってきて，と親から言われたけれど，見つけることができなくて怒られるかもしれません。あるいは，授業中に先生から宿題を提出するように言われることを想像してみてください。宿題をしたことはわかっているのですが，宿題が見当たりません。そうすると，もちろんその先生は，あなたが実際には宿題を終わらせなかったのだ，と思うことになります。こういった状況は，バッグ（リュック）の中や学習スペースが散らかっていて整理されていないときに起こる可能性のある出来事のほんの一例です。

　自分のスペースが散らかっていたために，物を置き忘れたり失くしたりして，ストレスになった例をいくつか思いつきますか？　もし思いつくなら，どのように感じましたか？　どんな点で，イライラしたり，ムッとしたり，腹が立ったりしましたか？　思いつかない場合は，何かを置き忘れたり，失くしたりすることに伴うストレスが起きないようなスペースを確保するために，自分が何をしてきたかをふり返ってみてください。

　あまりにも物が散らかっていると，物の置き場所を間違えたり，失くしたりする原因となることに加えて，心の中も，すなわち精神的にも散らかってしまい，そのために考えたり行動したりすることが難しくなることがあります。視覚的刺激があまりにも多く競い合うように存在する場合，何かに焦点を当てようとしても，脳は注意散漫になり決められません。しかし，これは自分のスペースが「完璧」でなければならない，ということではありません。そうではなくて，自分がほとんどの時間を過ごすスペースは，必要なものを簡単に見つけることできるように，整理整頓しておくべきだという意味なのです。多くの場合，より整理整頓されたスペースを持つことで，物を置き忘れたり，失くしてしまったりしたときの不安やストレスを軽減することができます。

　ここでは自分のバッグ（リュック）と学習スペースにだけ取り組んでいますが，他のスペース（たとえば，寝室やリビングなど）を掃除したり，整理したりするのに時間をかけることを考えてみてもよいでしょう。より整理されたスペースで毎日を始めると，適切な心構えを持っていれば，その状態を維持するのは驚くほど簡単だということに気づくでしょう。自分のスペースを整理された状態にしておくための 1 つの方法は，「ワンタッチ」ルールを使うことです。

つまり，すべての物をその「あるべき場所」にもどすために，一度だけ触れる，
というルールです。たとえば，帰宅して，靴を脱ぎます。それを玄関の真ん中
に置いておくのではなく，一度靴に触れて，下駄箱（または靴があるべき所ど
こでも）に入れます。このやり方を取り入れれば，確実に物が滞らないように，
あるいは，滞ったとしても，改めて整理整頓しなおすほどの手間はかからない
ようになるでしょう。

ヒント：従うべき大切なガイドライン：「一度だけ物に触れる！」

マインドフルに通学用バッグ（リュック）を掃除して整理する

　これから，小さいけれど，非常に重要なスペースに焦点を当てて，整理の作
業を始めます。リュックや通学用のバッグの整理です。できれば，普段勉強す
る場所の近くや，ゴミ箱（またはゴミ袋）の近くでやってみてください。目標
は，すべての物が所定の位置を持つ，つまり，あなたがそれほど考え込まなく
ても，その物があるべきところにあるようにするということです。まずはバッ
グ（リュック）を開けてみましょう。中のものを引っ張り出す前に，バッグ
（リュック）がどのように見えるかに目を向けてみましょう。

　　こざっぱりしていますか？

　　整理されているように見えますか？

　　ごちゃごちゃしていますか？　　それとも，詰め込み過ぎていますか？

　バッグ（リュック）を見て，どんな気分が起こりましたか？　このエクササ
イズをしたくないと思っていますか，それとも，スペースが増えたり，より良
い手順を身に付けたりすることにワクワクしていますか？　あるいは，自分の
バッグ（リュック）は整理整頓する必要はないと感じますか？　どのような思
いが巡ったとしても，心を開いて，バッグ（リュック）のスペースが変わるこ
とでバッグ（リュック）以外の自分の生活が過ごしやすくなるかどうかを，こ
こで是非，確認してみましょう。

1. 全部のポケットを空にします。中身をすべて取り出したと思ったら，バッグ（リュック）を逆さまにして振り，何も中に残っていないことを確認しましょう（鉛筆の削りカスやゴミなどが入っている場合には，ゴミ箱の上で行うとよいでしょう）。バッグ（リュック）の中からゴミを取り出したら，すべて捨ててください。
2. 綴じていないプリントを分け，積み重ねて置きます。バインダーやリングノートがある場合は，そこからも必ず綴じていないプリントを取り出してください。
3. バインダーを見てみましょう。科目別，あるいは授業の単元別に整理されていますか？　たとえば，バインダーに主要科目の授業がすべて入っている場合，科目と科目の境目に，はっきりした仕切りがありますか？　1つの科目の中は，わかりやすく分類されていますか？（例：宿題，メモ，採点済みの宿題などを，わかりやすく分類してありますか？）
4. リングノートはありますか？　もしあるなら，授業ごとに分かれていますか？　それとも，ノートをあらゆることに使っていて，1冊のノートの中に，複数の科目が入っていますか？

　バインダーやノートが乱雑になっている場合には……

- 仕切りを用意して，科目ごとに分けるためだけではなく，各授業内のさまざまなセクションや，やらなければならないことを分けるために使ってください。たとえば，仕切りは，次のような用途に使います。
  　―宿題
  　―メモ
  　―採点済みの宿題
  　―実験（理科の授業の場合）
  　―その他
- バインダーを区分けして，科目ごとに小さな仕切りをつける必要がありますか？
- ノート：ルーズリーフバインダーを使っていますか？　それとも，授業ごとに1冊ずつのノートを使っていますか？　1冊のノートに複数の科目を混ぜ合わせて使っているようであれば，科目ごとにノートを分ける

　　ことを検討してください。

　整理整頓の方法について理解したら（バインダーまたはノートで），綴じていないプリントをどこに入れることができるかを確認しましょう。間違いなく"ゴミ"で，きっともう役に立たないと思った場合は，すぐに捨ててください。もしすでにその教材のテストを受け終わっていたとしても，中間試験や期末試験のための（または，その教材を基礎とした将来学ぶコースのための）勉強に役立つようなものは，残しておくようにしましょう。

　綴じていないプリントについてはいくつか考えておくべきことがあります。ずっと探していたプリントを見つけましたか？　学校の先生は，授業の終わりに配布物を渡すことがよくありますが，そうすると，学生の皆さんはそういったプリントをバッグ（リュック）の中に詰め込むことになります。あなたもそのようなことがありますか？　もっと別の理由で，プリントがバッグ（リュック）の中に間違って入っていたり，散らばっていたりしませんか？　将来的に物を失くさなくなるように，これらのプリントがあるべき場所に必ずあるようにしたいと思います。物を失くすことが，不必要なストレスの原因になるからです。綴じていないプリントの多くは，宿題や親御さんに渡す必要があるもの，または学校や先生に提出する必要のあるものであることがわかれば，宿題用に指定したフォルダーがあると便利かもしれません。このフォルダーは，通常であればバッグ（リュック）のあちこちの場所に入れられるであろう，綴じていないプリント専用として使用することができます。片側に「やるべきこと」，反対側に「提出」とラベルを貼りましょう。

「このプリントはどこにしまいますか？」

　バッグ（リュック）の中のプリントを整理するとき，次の質問のそれぞれについてよく考えることは非常に大切です。

- これはまた必要になるでしょうか？　そうでなければ，ゴミ箱やリサイクルボックスに入れてください。
- これは親御さん宛ての文書でしょうか？　もしそうであれば，その方に渡してください。
- これは特定の授業のものですか？　そうであれば，その授業のバイン

ダーやフォルダーに入れてください。

- このプリントには，知っておかなければならない日付が書いてありますか？　もしあれば，カレンダーに書いてから，しかるべき分類をしてください。
- これは先生に提出する必要がありますか？　もしそうであれば，宿題フォルダーの中の「提出」セクションに入れてください。
- これはまだやりかけのものですか？　もしそうであれば，宿題フォルダーの「やるべきこと」セクションに入れてください。

ケーススタディ
―あなたと似ているティーンエイジャーたちより！

「私のリュックは，以前はごちゃごちゃでした。プリントはあちこちに散らばっていて，本や鉛筆，メッセージカードやフォルダーは，入れられるところならどこにでもつっこんでいました。宿題の未提出が原因で，成績は悪かったです。先生には宿題の多くをやったと話しましたが，先生も両親も私が嘘をついていると思っていることがわかりました。失くした宿題がリュックの底から見つかることが時々ありましたが，提出期限から何カ月も経っていたので，その宿題の点数はつきませんでした。

　リュックを整理するのは大変そうだし，探しているものは大抵見つかるような気がしたので，やりたくなかったのです。でも，実際メリッサ先生にいわれてリュックの整理をすると，たった20分くらいで終わってしまいました。私は，物を整理しておくように頑張ることを約束しました。

　その次の週は，20分よりはるかに多くの時間を節約しました。どこを探せばよいのか，すべてのプリントがどこにあるのか，宿題がどこに書いてあるのかがわかっていたので，早く始めることができました。そして，どこに何があるのかわからないという不安のせいで先延ばしにすることが，前ほどなくなったことにも気づきました。今は，リュックをきちんと整理してあります。置き場所を決めておけば楽なんですよね！

本当に，どこかから始めないとはじまらない，ということを学びました」

—A.G. さん，13歳

学習スペースを整理する

　あなたには決まった学習スペースがありますか？　それとも，そのたびごとに宿題をする場所を決めていますか？　勉強する場所をいろいろ変えることにしている場合は，最もよく使うスペースを整理することをお考えください。学習スペースが散らかって，「迷子の」プリントの置き場と化すことは非常によくあることです。単に勉強をすることができる空いた場所，あるいは効果的に整理された場所がないという理由だけで，勉強する場所をいろいろ変える人もいます。もしあなたがそうならば，時間を取って特定の学習場所を整理することで，将来的に決まった学習スペースを持つことができます！

　整理する場所を決めたら，座って，そのスペースを見回してみましょう。何が見えますか？　落ち着きますか？　雑然としていますか？　あるいは，手のつけようがないですか？　何年も前に買って，今までずっと気がつかなかったふぞろいのこまごましたものがありますか？　ゴミがありますか？　引き出しがあるなら，そこには物がいっぱい入っていますか？　それとも空ですか？自分のスペースに向き合ってみると，何をしてよいかわからなくなることは正常なのだと気づいてください。呼吸をして，今経験している気分は今だけのものであり，過ぎ去っていくものだということを思い出すようにしましょう。また，お家の人に手伝ってもらってこのエクササイズをするのも，助けになるかもしれません。どのくらい整理する必要があるかについて計画を立ててみましょう。大がかりな作業になりそうなので，今はする時間がないかもしれないとわかっている場合は，後日の予定に入れてもいいでしょう。

　整理された，効率の良い学習スペースを作り出すとき，単にすべてのものを取り除くことが目標ではないことを覚えておくことが重要です！「何も置いていない」机は，必ずしも効率的ではありません。むしろ，何も失くさずに，より容易にタスクを完了できるような机を持つことが目標です。たとえば，手の届くところにお気に入りのペンや鉛筆を入れたバスケットがあるように，机を整理しておくといいでしょう。スタックトレイを使えば，返却された宿題を簡単に片付けることができます。机の上にホワイトボードやカレンダーを置い

ておけば，すべき宿題や重要な期限を記録しておくことができ，作業量を調節することができます。引き出しの仕切りをつかえば，ペーパークリップ，ハサミ，テープ，色鉛筆のようなものを分類することができ，「雑多なものでいっぱいの引き出し」のように見えずに，すべてのものを所定の位置に収めることができます。また，視覚的な乱雑さのために，脳が集中力を維持しにくくなる可能性があることを覚えておくのも大切です。ですから，もし，余分な小物類がたくさんあったら，学習スペース以外の場所に移動させることを検討してみてください。

　この章の最後に，学校の勉強の整理整頓で最初の一歩を踏み出すのに役立つショッピングリストがあります。たとえば，バインダーや仕切りはそのリストの中に入っています。このリストに自由に追加してください！　探すのが簡単で，作業がしやすく，1日を通して安定している場所を作り出すのに役立つものは何かを考えてみてください。

学習法：あなたはどのタイプの学習者ですか？

　これまでに使って成果をあげていた学習法も，今はより複雑な教材を学んでいるのであれば，もはやうまくいかないことがありえることをこの章のはじめにお伝えしました。若者は，どのくらい準備ができているかについて考えるとき，多くの場合，「時間」に目を向けますし，親御さんもまた，多くの場合，自分の子どもはもっと多くの「時間」を勉強に費やす必要がある，と言うでしょう。しかし，それよりも，勉強の「やり方」と勉強時間について比較検討するほうが，もっと役立つかもしれません。

　次のことをよく考えてみましょう。自分の学習スタイルに最適ではない方法で勉強しているのであれば，何時間も何時間もかけて勉強しても，結果を得ることができないかもしれません。しかし，自分に合う学習法を使って同じ教材を勉強すれば，より少ない時間で，より正確な，あるいはより着実な結果を得ることができるかもしれません。学習法を決定するにはたくさんの方法があります。楽しく受けられ，自分の好みの学習法がわかるようなオンライン学習クイズがあります。その結果出された学習スタイルを絶対に取らないといけないということではありませんが，その結果に興味を持ち，今後の自身の学習スタイルを検討する際に大いに参考にしてください。CITE Learning Styles

Instrument（CITE 学習スタイル測定法）（CITE ; Babich, Burdine, Albright , & Randol ,1976）は，学生の好ましい学習スタイルを判断するために，学校の先生がよく使用するテストです。先生のためにそのクイズをするのではなく，自分にとって非常に役に立つと感じられることでしょう。自分がどのように情報を収集するか，自分にとって最高の学習環境は何か，そしてどのように自分の持っている知識を表現するか，についてわかります。例として，ここでは CITE の構成要素のいつかを紹介します。

- **情報収集**：どのようなデータを処理するのが最も得意ですか？　音声データ，数値データ，それとも視覚データですか？
- **学習環境**：1 人で勉強をするのと，グループで勉強をするのとでは，どちらがはかどりますか？
- **表現力**：口頭でのコミュニケーションと，文書によるコミュニケーションのどちらを使うと，最もうまく自分の考えを表現できますか？

　CITE では，学生の学習タイプを次の分野でまとめています。視覚－言語型，視覚－数値型，聴覚－言語型，聴覚－数値型，聴覚－視覚－運動感覚型，社会－個人型，社会－グループ型，表現力－口頭型，表現力－文書型です。そして，学習スタイルは，よく使う，少し使う，ほとんど使わない，と分類されます。自分がどのようなタイプの学習者なのかについて関心がある場合は，次の CITE のアンケートを行うことをお考えください。すでに自分の学習スタイルを知っている場合は，アンケートを飛ばして，次のセクションに進んでください。

ワークシート：

CITE　学習スタイル測定法

すべての質問に答えてください。正しい答えも間違った答えもありません。

	とても当てはまる		ほとんど当てはまらない
1. 自分で勉強の資料を作ったほうが，学んだ内容をよく覚えている。	4	3	2	1
2. レポートの宿題をするのは私にとって簡単だ。	4	3	2	1
3. 誰かに本を読んでもらった方が，黙読するよりも，よく学ぶことができる。	4	3	2	1
4. 私は 1 人で勉強しているときが 1 番学びやすい。	4	3	2	1
5. 宿題の指示が黒板に書いてあると理解しやすい。	4	3	2	1
6. 口頭の宿題よりも，レポートの宿題の方がやりにくい。	4	3	2	1
7. 数学の問題を頭の中で解くときは，数字を心の中で唱える。	4	3	2	1
8. その科目で助けが必要なときは，クラスメイトに助けを求める。	4	3	2	1
9. 数学の問題は聞いたものよりも，書かれたものの方がよく理解できる。	4	3	2	1
10. レポートの宿題をすることは嫌ではない。	4	3	2	1
11. 読むよりも聞いたことの方をよく覚えている。	4	3	2	1
12. 1 人で学ぶと，より多くのことを覚えている。	4	3	2	1
13. 物語の朗読を聞くよりも，読んだほうがよい。	4	3	2	1
14. 書くよりも話す方がうまくできる気がする。	4	3	2	1
15. 3 つの数字を足すように言われたら，書き留めなくても大抵の場合は正しい答えが出せる。	4	3	2	1
16. 他の人から学べるので，グループで勉強するほうが好きだ。	4	3	2	1
17. 数学の問題は，文字で書かれた問題の方が，口頭問題よりも簡単である。	4	3	2	1
18. 単語のスペリングを何度か書くと，よく覚えることができるようになる。	4	3	2	1
19. 読んだものよりも聞いたものの方が覚えやすいと思う。	4	3	2	1
20. 最初はクラスメイトと一緒に学ぶ方が楽しいが，一緒に勉強するのは難しい。	4	3	2	1
21. 口頭での指示よりも，文字で書かれた指示の方が好きだ。	4	3	2	1
22. 宿題が口述だったら，全部やってしまう。	4	3	2	1

	とても当てはまる			ほとんど当てはまらない
23. 電話番号を聞いたとき，メモしなくても覚えられる。	4	3	2	1
24. 誰かと一緒に作業をした方がはかどる。	4	3	2	1
25. 数字を聞くよりも，見た方がよく理解できる。	4	3	2	1
26. 簡単な修理や工作など，自分の手を使って行うことが好きだ。	4	3	2	1
27. 紙に書くことの方が，口頭で伝えるよりもよい感じがする。	4	3	2	1
28. 話をしている人や，話を聞いている人が周りに誰もいないときに，最も勉強がはかどる。	4	3	2	1
29. 先生に教えてもらうよりも，本で読んだ方がいい。	4	3	2	1
30. 誰かに理解してもらいたいなら，書くよりも話す方がいい。	4	3	2	1
31. 数学の問題を解いて答えを書いたとき，よりよく理解するために，心の中で唱えるようにしている。	4	3	2	1
32. 数名のグループ（スモールグループ）の中で学ぶと，科目に関してより多くのことを学ぶことができる。	4	3	2	1
33. 誰かに値段を知らせてもらうよりも，値段を書いたものを見た方が理解しやすい。	4	3	2	1
34. 自分の手で物を作るのが好きだ。	4	3	2	1
35. 文章を完成させたり，答えを書いたりするテストが好きだ。	4	3	2	1
36. その科目の本を読んで理解するよりも，クラスで話し合った方が，よく理解できる。	4	3	2	1
37. 英単語のスペリングは，誰かが声に出して綴りを言うよりも，書いたものを見た方がよく覚えている。	4	3	2	1
38. スペリングや文法のルールがあるために，言いたいことを文章を使って伝えるのが難しい。	4	3	2	1
39. 問題の中の数字を心の中で唱えながら解いていくと，簡単になる。	4	3	2	1
40. 人と一緒に勉強するのが好きだ。	4	3	2	1
41. 先生に数字を言われても，実際に書いてみないとよくわからない。	4	3	2	1
42. 学んだことがよく理解できるのは，その教科に関する資料などを作ることに自分が関わっているときだと思う。	4	3	2	1
43. ときどき馬鹿なことを言ってしまうことがあるが，書くことで自分の誤りを正すことができる。	4	3	2	1
44. テストでは，授業で聞いたことが出るとうまくいく。	4	3	2	1
45. 誰かと一緒に作業をしているときは，1人で作業をしているときよりもうまく考えることができない。	4	3	2	1

　以下は，あなたの学習スタイルを判断するための採点表です。各設問に対して，自分に「とても当てはまる」〜「ほとんど当てはまらない」を考えて〇を付け，〇をつけた数字を記入してください。次に，各列を足して，合計を 2 倍してください。

視覚－言語型

5 ＿＿＿＿＿＿＿＿＿＿
13 ＿＿＿＿＿＿＿＿＿＿
21 ＿＿＿＿＿＿＿＿＿＿
29 ＿＿＿＿＿＿＿＿＿＿
37 ＿＿＿＿＿＿＿＿＿＿
合計 ＿＿＿＿× 2 ＝＿＿＿＿

視覚－数値型

9 ＿＿＿＿＿＿＿＿＿＿
17 ＿＿＿＿＿＿＿＿＿＿
25 ＿＿＿＿＿＿＿＿＿＿
33 ＿＿＿＿＿＿＿＿＿＿
41 ＿＿＿＿＿＿＿＿＿＿
合計 ＿＿＿＿× 2 ＝＿＿＿＿

社会－個人型

4 ＿＿＿＿＿＿＿＿＿＿
12 ＿＿＿＿＿＿＿＿＿＿
20 ＿＿＿＿＿＿＿＿＿＿
28 ＿＿＿＿＿＿＿＿＿＿
45 ＿＿＿＿＿＿＿＿＿＿
合計 ＿＿＿＿× 2 ＝＿＿＿＿

社会－グループ型

8 ＿＿＿＿＿＿＿＿＿＿
16 ＿＿＿＿＿＿＿＿＿＿
24 ＿＿＿＿＿＿＿＿＿＿
32 ＿＿＿＿＿＿＿＿＿＿
40 ＿＿＿＿＿＿＿＿＿＿
合計 ＿＿＿＿× 2 ＝＿＿＿＿

聴覚－言語型

3 ＿＿＿＿＿＿＿＿＿＿
11 ＿＿＿＿＿＿＿＿＿＿
19 ＿＿＿＿＿＿＿＿＿＿
36 ＿＿＿＿＿＿＿＿＿＿
44 ＿＿＿＿＿＿＿＿＿＿
合計 ＿＿＿＿× 2 ＝＿＿＿＿

聴覚－数値型

7 ＿＿＿＿＿＿＿＿＿＿
15 ＿＿＿＿＿＿＿＿＿＿
23 ＿＿＿＿＿＿＿＿＿＿
31 ＿＿＿＿＿＿＿＿＿＿
39 ＿＿＿＿＿＿＿＿＿＿
合計 ＿＿＿＿× 2 ＝＿＿＿＿

表現力－口頭型

6 _____
14 _____
22 _____
30 _____
38 _____
合計 _____ × 2 ＝_____

表現力－文書型

2 _____
10 _____
27 _____
35 _____
43 _____
合計 _____ × 2 ＝_____

感覚運動－触覚

1 _____
18 _____
26 _____
34 _____
42 _____
合計 _____ × 2 ＝_____

得点：33 ～ 40 ＝よく使う学習スタイル
　　　0 ～ 32 ＝少し使う学習スタイル
　　　5 ～ 20 ＝ほとんど使わない

　あなたのよく使う学習スタイルの横に星印をつけるか，○で囲んでください。2つ以上ある場合もあります。次のページには学習スタイルのリストがあり，それぞれのスタイルの定義と，試みてみるとよいテクニックが載せてあります。最も得点の高かった学習スタイルを蛍光ペンで塗ったり，星印をつけたりしてください。言語，数値，社会，表現力のどれか1つ学習スタイルを持っているはずです。

解説：学習テクニック（勉強法）とアイディア

学習スタイル	定義	学習テクニック（勉強法）
視覚－言語型	―言葉を見てうまく学ぶ ―読んだり見たりした方が覚えていることが多い ―頭の回転が速い	―メモを書きとめ，それを読んで勉強できるようにする ―口頭で短い質問を出してもらうのではなく，自分で受けられる模擬テストを作る
視覚－数値型	―板書された数字や，書いた数字を見る必要がある ―頭の中で問題を解くのが苦手 ―頭の回転が速い	―すべての数字が書かれているのを見る ―ケアレスミスを防ぐために，自分の作業をすべて目に見えるようにする
聴覚－言語型	―言葉を聞いて学ぶ ―メモを取るのが難しいかもしれない	―情報を録音して聞きなおす ―オーディオブックを使う（audible.com）
聴覚－数値型	―数字を聞いて学ぶ ―頭の中で問題を解くことができる ―メモを取るのが難しいかもしれない	―他の人に数学の概念を教える ―勉強中に説明を録音したり聞いたりする
感覚運動型	―実際に行ったり，身体を動かしたりすることで最高の学習をする ―感覚や触覚を追及する ―他人の感情に敏感 ―学んだことを実際の生活場面に応用するのが得意	―学習中に身体を動かしてみる ―いたずら書きをする（気が散らない場合に限る） ―学んだことを実際の生活場面に応用する
社会－個人型	―1人だと勉強（作業）がよりはかどる ―1人で勉強することを好む	―選択できる場合はグループワークをしない
社会－グループ型	―他の人と一緒に勉強するのが好き ―他の人のアイディア（考え）が学習の役に立つことを好む	―他の1人と一緒に学ぶ ―人数に注意する ―勉強の妨げになるかもしれない ―友人とは一緒に勉強しないようにする

表現力－口頭型	—自分の知っていることを人に伝えることができる —場合によってはテストに示されるよりも多くのことを知っていることがある —自分の考えを紙に書き留めるのが難しい	—選択できる場合は口頭での発表を選ぶ
表現力－文書型	—小論文を書くのが得意 —口頭ではなく文書で答えるほうがより快適に感じる —紙に書くと，自分の考えがより整理される	—レポートを書く —メモを清書する —勉強しながら情報を書き出す

ワークシート：

新しい学習テクニック（勉強法）

私のよく使う学習スタイルは？

数値：＿＿＿＿＿＿＿＿　　　言語：＿＿＿＿＿＿＿＿＿

表現力：＿＿＿＿＿＿＿＿　　社会：＿＿＿＿＿＿＿＿＿

感覚運動：はい ＿＿＿＿＿　または　いいえ ＿＿＿＿

自分の学習スタイルに合わせて試せる新しい学習テクニック（勉強法）とは？

＿＿＿＿＿＿＿＿＿＿＿＿＿＿＿＿＿＿＿＿＿＿＿＿＿＿＿＿＿

＿＿＿＿＿＿＿＿＿＿＿＿＿＿＿＿＿＿＿＿＿＿＿＿＿＿＿＿＿

＿＿＿＿＿＿＿＿＿＿＿＿＿＿＿＿＿＿＿＿＿＿＿＿＿＿＿＿＿

来週はどれを使いますか？

＿＿＿＿＿＿＿＿＿＿＿＿＿＿＿＿＿＿＿＿＿＿＿＿＿＿＿＿＿

＿＿＿＿＿＿＿＿＿＿＿＿＿＿＿＿＿＿＿＿＿＿＿＿＿＿＿＿＿

＿＿＿＿＿＿＿＿＿＿＿＿＿＿＿＿＿＿＿＿＿＿＿＿＿＿＿＿＿

体験をふり返って：気に入りましたか？　役に立ちましたか？　どうしてそう思いますか？

＿＿＿＿＿＿＿＿＿＿＿＿＿＿＿＿＿＿＿＿＿＿＿＿＿＿＿＿＿

＿＿＿＿＿＿＿＿＿＿＿＿＿＿＿＿＿＿＿＿＿＿＿＿＿＿＿＿＿

＿＿＿＿＿＿＿＿＿＿＿＿＿＿＿＿＿＿＿＿＿＿＿＿＿＿＿＿＿

ケーススタディ
—あなたと似ているティーンエイジャーたちより！

「中学 1 年生のとき，本当に大変だと初めて思った記憶があります。中学・高校のほとんどの期間，成績表を受け取る日が嫌でした。親とまた同じ喧嘩をすることがわかっていたからです。親からは，「どうしてもっと頑張らないの？」とか「先生が話しているときに聞いていないのか？」といったようなことをよく言われました。自分以外はみんな授業が理解できているみたいに感じていました。

中学 3 年生になるまでに**何時間も**宿題に費やしていましたが，それでも平均で C を取るのがやっとだったような気がします。自分は頭が悪いと思っていました。ずっと授業に出ていたにもかかわらず，授業の内容を何も覚えていませんでした。クラスメイトが数分でできることを，一晩中かけてやっていたように思えます。自分のやりたいことをするのは無責任というか，怠けているような気がしていました。

メリッサ先生に言われて CITE をやってみて，自分は頭が悪いのではないということがわかりました。自分に効果のある学習法を学んだことがなかっただけだったのです。そのやり方で宿題をやってみると，勉強に費やした時間だけではなく，どのようにして物事を頭の中に入れておくことができるのかが大切なのだということがわかりました。また，自分にとってうまくいくのはどういうことで，うまくいかないのはどういうことかを，自分に ADD^{訳注 10)} があることを踏まえて理解するのにも役立ちました。

今では，ホワイトボードやオンラインのフラッシュカードのような視覚的なツールをたくさん使っています。難しく思える科目についてはビデオを今までよりたくさん見て，自分の言葉で説明できるようになりました。成績は以前よりもずっと良くなっていて，宿題に費やす時間も減っています！」

—C.M. さん，15 歳

テスト対策用の瞑想

　テストを受けることは，ほぼ誰もが不安を感じることです。教材を勉強し，内容を知っているのに，テストが始まったとたん頭が真っ白になるというのは，非常に悔しくもどかしいことです。このようなことは，ストレスや不安によって脳が働かないときに起こりやすいのです。このような状況になると，体と心が落ち着くまでは，脳内に保存されている内容にアクセスすることがほぼ不可能になります。

　テストの不安を防ぐための1つの方法は，自分がテストを受け，質問に正しく答え，リラックスした状態でいることをイメージすることです。そうすることで，うまくいかないだろうことをたくさん思い浮かべ最悪のシナリオを作るかわりに，自分の心が前向きになるように仕向けるのです。ですから，不安がこっそりと忍び寄ってくるのを感じ，テストがどうなるかについて悲観的に考えていることに気づいた時はいつでも，最高に上手くいっているシナリオをイメージするようにしてみてください。前回のテストでストレスがたまっていたときのことを思い出して，教材にざっと目を通し，「まあ，今回はそれほど悪くないね！」と自分に言い聞かせるだけでいいのです。一連の問題に自信を持って答えたときのこと，そしてそのときはペンが勝手に動くかのように知っていることすべてを書き留めていた，ということを思い出してください。

　人がこれから審査を受けようとするとき，ある程度の不安はむしろ有用だったりすることを心にとめておきましょう。たとえば，まだ教材の章全体の内容を知らないので，テストが手ごわいと気をもんでいる場合，解決すべき問題はわかっているということになります。このような不安にただ囚われてしまうのではなく，主体的に行動するための手段として不安を利用しましょう。テストの日が来る前にその教材のエキスパートになるにはどうしたらよいでしょう？

　テスト対策プリントはありますか？　友達と会って難しい箇所について話し合うことはできますか？　試験前に予想される問題を解くために時間と労力をかけたら，試験当日に自信を持って着実に取り組んでいる自分の姿をイメージしやすくなります。

　もちろん，できる限りテストの準備をすべて行った後であっても，まだ不安

訳注10） ADD（Attention Deficit Disorder：注意欠陥障害）。ADHD（Attention Deficit Hyperactivity Disorder：注意欠如・多動症／注意欠如・多動性障害）のかつての診断名。ADHDの「不注意優勢型」に相当する。

を感じる可能性は大いにあります。ここでマインドフルネスが大きな力になるのです！「私はこのテストの準備をするために，他のどの人にも引けを取らないほどのことをしてきた」と，そこそこ自分自身に言えるのであれば，なかなか消えない不安とそれに関連する否定的な考えは，単に勝手に入り込んでくる思考であり，それ相応に処理することができるのだとあなたは知っています。この時点で，**テスト対策用の瞑想**をやり始めれば，自分が達成してきたことについて満足し，そうした努力が将来の成功につながる様子をイメージすることができるようになります。不安な思考が入り込んできたと気づいたら，その都度スクリプトを参照することをお勧めします。ただし，テストへの不安に常に悩んでいるなら，**たとえ近々テストがなくても**，瞑想を週に3回行ってみてください。そうすることで，再び学業における課題が生じるたびに後ろ向きの感情状態にならないように，心と体を訓練し直すことができるでしょう。

必ず習慣にしましょう！

- **マインドフルネス瞑想記録用紙**
- 続けましょう――学習スペースの掃除と整理整頓：机，部屋など。
- **新しい学習テクニック**を使い，その体験をふり返りましょう。
- **テスト対策用の瞑想**を用い，今後のテストへの心の準備をしましょう。
  今週テストがない場合は，ストレスになったり，不安を感じたりする
  何か他のものに対して，この瞑想を使ってください。

考えられるショッピングリスト：

- バインダー
- 仕切り
- ノート：ルーズリーフバインダーあるいは教科ごとのノート数冊
- フォルダー
- クリアファイル：それほど丈夫なものでなくてよいのでまとめ買いしましょう。こうすれば，必要なときはいつでも使えます。

マインドフルネス・エクササイズ：

テスト対策用の瞑想スクリプト

　地面（床）に足をつけて，目を閉じて楽に座ってください。手は心地よく感じるところならどこに置いてもかまいません。テストがある日の朝で，ちょうど学校に到着したところを想像してみてください。歩いて校内に入っていくと友人やクラスメイトに会います。先生にも会えるかもしれません。

　この間ずっと，あなたの心と体はリラックスしています。周りにいる数名の生徒が緊張しているのに気づいても，自分が頑張って準備してきたことに自信を持ち，テストを受ける準備ができています。教室に近づくにつれ，心臓の鼓動が少し速くなってきました。

　自分の気分を受け入れ，このテストを受ける準備は十分できているということを，改めて思い起こします。

　今，教室の中にいて，自分の机に座っています。このテストを受ける準備は十分できています。

　テストが配られる間，あなたは落ち着いており，集中し，始める準備ができています。さあ，テストが始まりました。あなたはじっくりと，そしてゆっくりと，各問題に答えています。あなたはすべての問題の指示を完全に読み，自信を持って答えています。

　解いている問題はすべて，よく知っている問題です。あなたは問題に出題されている概念や考え方を勉強し，覚えています。テストの最後まで解答し続けます。

　それから，テストを先生に提出し，自分の席に戻ります。テストが終わり，成果があったことを幸せに感じ，自分の努力が報われたことを知ります。自分の最善を尽くしたことを知ることで，このふり返りの瞬間を楽しんでください。

　ベルの音が聞こえたら，目を開き，今いる部屋に戻りましょう。

ワークシート：

マインドフルネス瞑想記録用紙

___月___日からの１週間：

日付（曜日）	練習しましたか？	気づいたこと・感想
／ （　）		
／ （　）		
／ （　）		
／ （　）		
／ （　）		
／ （　）		
／ （　）		

第6章　認識し，リラックスし，よく考えましょう

R：Recognize, Relax, and Reflect

学びましょう！
- 3つのR

使いましょう！
- マインドフルネス・エクササイズ
  - —五感に焦点を当てる
  - —100まで数える
  - —「4−7−8」呼吸
  - —ボディスキャン瞑想
- マルチタスク
  - —マルチタスク
  - —モノタスク vs. マルチタスクについてよく考える
- 意図（こころざし）を決める
  - —私の将来を想像する

必ず習慣にしましょう！
- 「4−7−8」呼吸法
- マルチタスクをやめよう
- ボディスキャン瞑想
- マインドフルネス瞑想記録用紙

3つのR：RECOGNIZE（認識する），RELAX（リラックスする），REFLECT（よく考える）

　忙しい生活の中で，私たちはさまざまな勉強のプレッシャーや，社会的プ

レッシャーに対処します。ストレスが高いのは普通のことです！ このような現実に対応するために，作戦を用いることが必要になるときがあることを**認識する（Recognize）**ことが重要です。さまざまな作戦を用いることで，体と心をもっと**リラックス（Relax）**させて，**よく考える（Reflect）**ことができるようになるとよいでしょう。この本で取り上げられている方法や作戦を使いながら自身の体験に興味を持つことで，自分に効果のあるものを本当にマスターすることができます。マインドフルネスのエクササイズをたくさん身につけて，使える道具にしておけば，それだけ体と心を落ち着かせる助けになり，もっと充実した幸せな人生を送れる可能性が高くなります。次のエクササイズはどれもが，これからの１週間の中で試してみることができるものです。

五感に焦点を当てる

　感覚（たとえば，視覚，聴覚，味覚，嗅覚，触覚）に注意を払うことは，マインドフルな状態になり，今この瞬間に再びつながるための素晴らしい方法です。たとえば，今すぐ，鼻から深呼吸をしてみてください。何のにおいがしますか？　その香りがどこから来ているか，正確にわかりますか？　次に，部屋の中の音に注意を払ってください。異なる，はっきり区別できる音として聞こえてくるものは，どんなものですか？　夜になると，コオロギの鳴き声，扇風機のブーンという音，近くにある時計がカチコチいう音，あるいは，外で吠えている犬の声に気づくかもしれません。

　このようなことはどのように役立つのでしょうか？　ストレスがいつもより多いと気づいているときには，体と心を落ち着かせるために，自分の感覚を，どれか１つ働かせることに集中するとよいでしょう。ひとつひとつの感覚を分離することは，アンカー（錨：いかり）を下ろしているようなもので，ペースを落とし，心配や，やることリスト，プレッシャーから自分の脳を休めるのに役立ちます。私たちは常に１日を通して感覚を働かせていますが，通常は，すべての感覚を同時に使っています。対照的に，それぞれの感覚を別々に使うことで，経験するものごとを自分で思っている以上にコントロールでき，ある感覚を他の感覚よりも多く使ったり，少なく使ったりすることができることを思い出すことになります。次のエクササイズでは，ひとつひとつの感覚を別々に働かせ，それぞれに別々につながることに焦点を当てています。

ワークシート：

五感に焦点を当てる

　両手を膝の上で軽く握って座るか，同じような楽な姿勢で座ってください。タイマーや瞑想用のベルをセットする必要はありません。約2〜3分間，ひとつひとつの感覚に焦点を合わせようとしますが，数を数えたり，正確に時間を計ったりする必要はありません。今この瞬間に存在してください。何回か深く腹式呼吸をして，始めましょう。

視覚：視覚的な注意を引くものは何ですか？　カラフルですか？
　　　どんな形ですか？

1.
2.
3.

聴覚：何が聞こえますか？　何か特定のものですか？　それはあなた
　　　の体の中の音ですか？

1.
2.
3.

味覚：口の中では何か味がしますか？　はっきりしない味ですか？
　　　甘いですか？　苦いですか？

1.
2.
3.

嗅覚：何か特定のにおいがしますか，それとも，はっきりしないにおい
ですか？

1.

2.

3.

触覚：何と接触していますか？　それは有形のもの（ソファのようなも
の）ですか，それとも無形のもの（風や温度のようなもの）ですか？

1.

2.

3.

　前のページのエクササイズをしたことで，しばらく時間をかけて感覚を働かせたので，今度は5分間かけて別の場所に移動しましょう。もし家の中にいるのであれば，外に出てみましょう。それができない場合は，家の別の場所に移動することを考えてみましょう。部屋にいる場合は，キッチンやリビングに行ってみましょう。タイマーを5分間セットして，準備ができたら，深呼吸をして，ゆっくりとマインドフルにひとつひとつの感覚に焦点を当ててみましょう。

　1つの感覚に他よりも多めに時間をかけたければ，そうしても構いません。今ここにある感覚や気分を感じ，好奇心を持つようになりましょう。何かを見て，他のことを思い出したら（たとえば，通りの向こう側の家がおばあちゃんの家に似ているかもしれないと気づいて，子どもの頃のことを思い出す，など），その考えを受け入れ，とらわれることなく，手放しましょう。心がさまよい始めていることに気づいたときはいつでも，今の体験に注意を向けなおしてください。

2回目にこれをやってみて，何か違うことに気づきましたか？　同じ体験でしたか，それとも違っていましたか？

　先ほど，マインドフルに瞑想するといった方法で，ひとつひとつの感覚に焦点を当ててみましたが，この作戦をもっとシンプルに使うこともできます。もし，日々の活動の中で，脳が心配事（または何らかのネガティブな体験）に集中していることに気がついたら，周りの音に耳を澄ますなど，1つの感覚を単に働かせてみましょう。深呼吸をして，ただ耳を澄ますだけでもよいし，嗅いだり，味わったり，聞いたり，触ったりするといったような，別の感覚に焦点を当ててもよいのです。

マインドフルネス・エクササイズ：

100 まで数える

　アンカーとして呼吸を使用することは，日常生活の中で「今ここ」に焦点を当てるのに役立ち，気がつけば絶えずあれこれと考えてしまっている心配事や考えを減らしてくれます。第1章で学んだように，特定の方法で呼吸することは神経系を落ち着かせるのに役立ちます。このような呼吸法を使うと，寝つきがよくなり，ぐっすり眠ることができるようにもなります。今この瞬間の気づきを助け体を落ち着かせるために，道具箱に追加するとよいテクニックをさらにいくつか紹介します。心が乱されるようなことが起こったり，体の内側に緊張を感じたりしたときに，反応する**前に**，次のエクササイズを試してみてください。

100 まで数える呼吸法
- 目を閉じたほうが心地よければ，閉じてください。そうでない場合は，目の前の適当な場所に柔らかいまなざしを向けます。
- 準備ができたら，吸い込みながら数を数え始めます。肺いっぱいに完全に空気を吸い込んでください。
- 息を吐きながら，数えるのをいったんやめ，肺からすべての空気を吐き出します。
- 息を吸い込み，もう一度肺を空気で満たしながら，再び続きを数え始めます。
- 100 まで数え終わるまで，この動作を繰り返します。
- 100 から始めて，逆に数えていっても構いません。

いかがでしたか？

_____

_____

_____

マインドフルネス・エクササイズ：

「4－7－8」呼吸

　「4－7－8」呼吸法は，体へのリラックス効果をもたらします。この呼吸法により，交感神経（不安を引き起こす，闘うか逃げるか）系から副交感神経（心を落ち着かせる）系にエネルギーを移すことができます。そして，この呼吸法によって，血圧が下がったり，心拍数が下がったり，感情調節がうまくいくようになったりします。このエクササイズはどのような姿勢でも行うことができますが，必ず背中をまっすぐに保つようにしましょう。このエクササイズで重要なのは呼吸の割合であり，時間ではありません。この呼吸法が睡眠にも役立つことを考えると，毎晩寝る前に試してみてはいかがでしょうか。

- 口から息を吐き出す（**シュー**と音を立てる）。
- 口を閉じて，鼻から吸いながら，頭の中で4つ数える。
- 息を止めて7つ数える。
- **シュー**と音を立てて口から息を吐き出しながら，8つ数える。
- これが1回の呼吸です。あと3回繰り返して，合計4回行います。必要に応じて繰り返します。

この呼吸法を行った後，何か違いを感じますか？

_____

_____

_____

ケーススタディ
―あなたと似ているティーンエイジャーたちより！

「4－7－8」呼吸法エクササイズがどれほどパワフルな方法であるかを知って驚かれるかもしれません。私の元クライアントで，現在16歳の人が，自分が何に悩んでいたのか，4－7－8のテクニックがどのように効果があったのか，このワークブックを使っている人たちに少しだけ教えてあげたいと言ってくれました。彼女が伝えたいことは次の通りです。

「初めて『4－7－8』呼吸法について学んだときには，呼吸をコントロールするとどんな効果があるのかについて，ほとんど何の予備知識も持っていませんでした。ヨガで行われているものだ，ということは知っていましたが，そんな程度でした。私は不安の症状があってメリッサ先生に会いに行ったのですが，不安をコントロールするためにはどんなことでもしたいと思っていました。メリッサ先生が最初に教えてくれたもののひとつに，『4－7－8』呼吸法がありました。4つ数えながら息を吸い，息を止めて7つ数え，8つ数えながら息を吐く。この呼吸法が体を落ち着かせる効果は科学的に証明されているとメリッサ先生から言われ，なるほどと思いました。

メリッサ先生のオフィスですぐに4回ほど呼吸法をやってみたら，とても短い時間で落ち着くことができて，本当にびっくりしました。身体的な不安を抱えているとき，たとえば心臓がドキドキしたり，頭の中から大きな雑音（シャーという音）が聞こえてきたりするときに，最初にすることは4－7－8呼吸法です。怖い思いから不安になったり，頭の中で起こっていることが多すぎて不安になったりすることがよくあるので，無理やり呼吸を数えるようにすると，最初にあった怖い思考から心が離れていきます。呼吸によって体が落ち着き，数えることで今起こっていることから心を引き離すことができるという意味で，この呼吸法は二重にすごいと思っています。

私は寝つきが悪くなりがちなので，「4－7－8呼吸法を，朝，目が

覚めるまでやってね！」とメリッサ先生から言われます。いつでも効き目があります。期末試験を受けようとするときも，寝つけないときも，４－７－８呼吸法はすべてのことを切り抜けるための作戦だと思っています」

—A.H. さん，16歳

A.H. さんにとってそうであったように，あなたにとっても，「4－7－8」呼吸法が貴重なものになるとよいですね。呼吸法はいつでも思いのままに使えるツールですので，心，体，感情の健やかさに役立つと思ったら，いつでも気軽に使ってください。

ボディスキャン瞑想

ボディスキャン瞑想は，最初，痛みの管理に役立つ方法として導入されました。体に焦点を合わせる瞑想の一種で，注意力を高め，ストレスと不安の両方を減らす手助けをしてくれます。また後ろ向きの考えから注意をそらすのにも役立ちます。エクササイズを始める前に，

- 暖かく，居心地のよい場所で行いましょう（靴を脱いだほうがくつろげるのであれば，そうしてください）。
- 腰かけている場合は，心地良い椅子に腰を掛け，足を床につけ，両手を膝の上に置きましょう。
- 横になっている場合は，腕をゆったりと体の横に沿わせましょう。

ボディスキャン瞑想の間，すべてについて「正しい」ことをしているかどうかを心配しないようにしてください。このエクササイズの目的は，自分の体のあらゆる部分に気づきを向けることであり，自分を評価することではありません。準備ができたら，始めましょう。

マインドフルネス・エクササイズ：
ボディスキャン瞑想

　横になって，体をゆったりさせます。静かに目を閉じましょう。ほんの少し時間を取って，呼吸の動きと体の感覚，特に体が床やベッドと触れているところの感触や圧迫感を感じ取りましょう。

　息を吐くたびに，自分を解放して，寝そべっているところに体が少しだけ沈みこむようにしてください。

　ボディスキャンの意図するところを確認しましょう。目的は，気分を変えることでも，リラックスすることでも，落ち着くことでもありません。そういうことは起きるかもしれないし，起きないかもしれません。ボディスキャンの意図するところは，体の各部分に順番に注意を集中しながら，そこから見つけたどのような感覚にも，可能な限り気づきを向けることです。

　さあ，下腹部の身体感覚に気づきを向けてみましょう。息を出し入れするたびに，腹部内壁の感覚パターンが変化することに気がつくでしょう。

　腹部の感覚につながりを持ったら，気づきの焦点を左脚に下ろしていきましょう。さらに左足先に下ろし，左足のつま先まで行って抜けていきましょう。左足の指のひとつひとつに焦点を当てます。順番に，穏やかな好奇心を持って，見つけ出した感覚の性質を調べていきます。指と指とが接触している感覚があることに気づくかもしれませんし，ヒリヒリしていたり，ホカホカしていたりするかもしれません。あるいは，特になにも感じないかもしれません。

　準備ができたら，息を吸いながら，肺に息が入っていき，その後，腹部を通って左脚，さらに左足に入り，つま先まで達するのを感じ，そのようなイメージを浮かべてみてください。次に，息を吐きながら，呼気がつま先から脚に戻り，腹部を通り抜けて，肺を通り，鼻から抜けていくような，さっきと反対の方向に戻ってくるのを感じ，そのようなイメージを浮かべてみましょう。

可能な限りでかまいませんので，あと2，3回，つま先に向かって体を通り抜けるように息を吸い，つま先から戻ってきて息を吐き出す，という呼吸を続けてください。コツをつかむのは難しいかもしれません。遊び心を持ちつつ，とにかくこの「息を吹き込むこと」をできるだけ練習してみてください。

さて，十分につま先に集中できたら，息を吐き出すときに，つま先から注意を離し，左足の裏の感覚に気づきを向けてください。足の裏や足の甲，かかとにも，優しく調べるような気づきをもたらしましょう。特にかかとは床と接触しているところの感覚を優しく調べるようにしてみましょう。感覚と「ともに呼吸をする」ことを試してみましょう。すなわち，足の下の方の感覚を探りながら，それと共に続いている呼吸にも気づいていましょう。

それでは，足の残りの部分への気づきを広げていきましょう。足首や，足の甲，骨や関節へとどんどん広げていきます。そして，少し大きく息を吸い込み，左足全体に気づきを向けて，その息を吐きながら完全に左足をあるがままの状態に解放し，左脚の下のほう，ふくらはぎや向こうずね，膝などに，気づきを順番に向けていきましょう。

体の残りの部分のひとつひとつ，たとえば，左脚の上の部分や右足のつま先，右足，右脚，骨盤周り，背中，お腹，胸，指，手，腕，肩，首，頭，顔の順に，それらの部位の身体感覚への気づきと穏やかな好奇心を向け続けましょう。それぞれの体の部分においても同様に，可能な限り，今そこにある身体感覚にきめ細かい気づきと穏やかな好奇心を向けていきます。

それぞれの主要な部分を離れるときには，息を吸ってその場所に「流し入れ」てから，息を吐き，その部分を手放すようにします。体の特定の部分に張った感じやその他の強い感覚などがあることに気づいたら，そこに「息を吹き込み」ましょう。息を吸いながら，感覚の中に気づきをそっと向けてみましょう。そして，息を吐きながら，可能な限り，感覚をそのままにして，解き放ちましょう。

　ときどき，心が呼吸や体から離れてさまようことになるのは当然のことで，まったく正常なことです。心はさまようものなのです。心がさまよっていることに気づいたら，静かにそのことを受け入れて，どこに心がさまよっていったかに気づき，その後，焦点を合わせたいと思っている体の部分に穏やかに注意を戻しましょう。

　このようなやり方で，全身を「スキャン」し終えたら，体全体の感覚と，呼吸が自由に体から出たり入ったりしている感覚に，2 ～ 3 分間気づきを向けてみましょう。もし眠ってしまいそうなら，枕で頭を支えたり，目を開けたり，横にならずに座って練習したりするほうがよいかもしれません。自宅で実践しながら，いろいろ試してみてください。また，1 日のうちの異なる時間帯で試してみるのもよいでしょう。

Kabat-Zinn（1990）より引用

いかがでしたか？　ボディスキャン中に何か気づきましたか？　その後，何か違いを感じましたか？

_____

_____

_____

マルチタスク

　複数のタスクを同時にこなそうとすると，それはマルチタスクをしているのだ，と思われがちですが，実際にはタスク間を急速に乗り換えているだけで，同時にやっているわけではありません。たとえば，あなたはメールに目を通しながら宿題をしようとしているかもしれません。マルチタスクをしていると思っているかもしれませんが，実際には両方のタスクを同時に行うのとは対照的に，両方のタスクの間を急速に行ったり来たりしているのです。これは効果的ではなく，実際にはあなたのペースを遅くしています！　私たちの脳は，生まれつきマルチタスカー（同時に複数のことをする人）ではなく，モノタスカー（一度に１つの作業しかできない人）になるように配線されているのです。つまり，脳は一度に１つのことしかできないのです。タスク間で行き来するように脳に要求すればするほど，ペースが遅くなり，誤りが増加します。マルチタスクをやりたいと思う結果，タイミングよく宿題を完了するのが難しい人が多くなるのです。このようなわけでマルチタスクは，注意を払い，学び，マインドフルな生活を送る能力に非常に悪い影響を及ぼす可能性があります。

　時間を計り，マルチタスクの実験をして，出来栄えとどれくらい情報を覚えておけるかについてみてみましょう。マルチタスクをしているときとモノタスクのときとで違いが出るかを調べてみましょう。タスクを完了するのにかかる時間は長くなりますか？　それとも短くなりますか？　新しい情報を学び，覚えておくことが簡単になりますか？　それとも難しくなりますか？　ここでは音楽でも実験してみましょう。音楽を聴きながら勉強するのが好きな人は多いですよね。多少のバックグラウンドノイズ（背景雑音）は，集中して注意を払うことがなかなかできない人には役立つことがありますが，助けにならない人もいます。いろいろなタイプの音楽を試してみて，どれが自分に合っているかを調べてみてください。一般的にBGM（通常は，それに合わせて踊ったり，歌ったりするような音楽ではありません）は，時に注意をタスクから引き離してしまう外の物音を打ち消すことができます。実験中に気づいたことを次に示す欄に書いてみてください。

ワークシート：

マルチタスク

あなたはマルチタスクをしますか？

_____はい　　_____いいえ

_____

_____

_____

「はい」の場合は，どんなやり方でマルチタスクをしていると思いますか？

_____

_____

_____

　自分のマルチタスクのやり方について考え，次の質問を考えてみましょう。

自分に最も適している学習環境はどのようなものですか？　実際にはどうすれば，一番勉強に集中できますか？

_____

_____

_____

自分に最も適している環境で勉強をしているときに，マルチタスクを「防ぐ」にはどうしたらいいですか？

_____

_____

_____

<u>ワークシート：</u>

モノタスク vs. マルチタスクについてよく考える

_____

_____

_____

_____

_____

_____

_____

_____

_____

_____

_____

意図（こころざし）を決める

　何をしてどのような人生を歩んでいくのかに対して，私たちの行動やふるまいがどのように影響を与えるかを認識することは大切です。たとえば，ストレスを最小限に抑え，リラックスして生活を楽しむために役立つようなことを選択すれば，意図（または目標）を達成するチャンスを増やしてくれます（目標とは，第1章の「意図（こころざし）VS. 目標」について学ぶ前にそう呼んでいたようなものを指します）。今までの生活の中で立てた目標について，どんなものでもよいので考えてみてください。それらは，学業，スポーツ，社会生活，家族などについての目標だったでしょう。このような目標について考えながら，次の質問について，よく考えてみましょう。

- どんな生活を送りたいですか？
- 冒険がしたいですか？
- 挑戦したいですか？
- 人助けをして名を残したいですか？
- 何かを創造したり，特定の目標を達成したりしたいですか？
- 家族，友人と共に，おいしい食べ物を食べて静かな生活をしたいですか？

　将来のためのビジョンを持ち，意図（こころざし）を持つと，自分の目で確かめながら生活を送ることができるようになり，その結果，もう少し努力したり，違ったやり方で勉強したりすることが容易になります。1〜2分かけて（目を閉じるととても心地よいのであれば，目を閉じて），自分の将来を想像してみましょう。大学在学中や，卒業後，あるいはその後の人生における生活を思い浮かべるかもしれません。どんなことであろうと最初に来るものがしっくりくるものです。1，2分たったら，少し時間をかけて，近い将来にあることでストレスや心配を引き起こしている可能性があることを思い浮かべてみてください。たとえば，高校生の場合，大学について関心があり，最終的にどこの大学に行くのかを気にしているかもしれません。大学生の場合は，次に起こることを心配しているかもしれません。ごく近い将来にありそうなことを思い浮かべることに集中してみてください……。自分が意図（こころざし）を達成して

いるところを思い描き，その後，その将来がどのようになってほしいのかをイメージします。

　次のページでは，自分自身の絵を描きます（棒人間でかまいません――完璧を目指す必要はありません！）。その次に，心に思い浮かべたものを描き足します。たとえば，大学に進学することを思い浮かべ，近い将来に大学に通うという意図（こころざし）を持っている場合は，それを象徴していたり，表していたりするものを描いてください。どんなふうでもよいので，自分がやりたいと思うことをたくさん描いてみてください。

ヒント：描いた絵を，毎日目に入るところに置くようにしてみてください。そうすれば，幸せで充実した生活を送るためにこれらの作戦やエクササイズを使用する理由を，そっと気づかせてもらえます。

ワークシート：

私の将来をみる

必ず習慣にしましょう！

- **マインドフルネス瞑想記録用紙**：呼吸法とボディスキャン瞑想を使ってみましょう。少なくとも２日間は，ボディスキャン瞑想に専念しましょう。
- 寝る前に，**「４－７－８」呼吸法**を実践しましょう。
- **マルチタスクをやめよう**
  - ―モノタスクとマルチタスクのどちらがよいか，それぞれのやり方で行ってその時間を計り，実験してみましょう。
  - ―マルチタスクの学習のところで考えたスペース（あなたの『最適な学習環境』）で勉強してみましょう。
- **ボディスキャン瞑想**

ワークシート：

マインドフルネス瞑想記録用紙

___月___日からの１週間：

日付（曜日）	練習しましたか？	気づいたこと・感想
／ （　）		
／ （　）		
／ （　）		
／ （　）		
／ （　）		
／ （　）		
／ （　）		

第7章 感情

E：Emotions

学びましょう！
- 感情と ADHD

使いましょう！
- マインドフルネス・エクササイズ：**R.A.I.N.**
- **愛と思いやりの瞑想**
- 感情と上手く付き合うためのその他のヒント

必ず習慣にしましょう！
- **R.A.I.N.**
- **愛と思いやりの瞑想**
- ここまでの週で行った作戦を使い続けましょう
- **マインドフルネス瞑想記録用紙**

感情と ADHD

　ADHD の診断に関して感情面の問題を考えに入れる人はほとんどいません。実際，感情面の問題は診断基準にさえなっていません。しかし，ADHD をもつ人たちとその支援者は，感情が ADHD の苦労の種であることを知っています。ADHD をもつ人たちは，ADHD を持たない人たちと異なる感情を感じることはありません——もっと正確に言えば，ポジティブな感情もネガティブな感情も両方ともより激しく，より頻繁に感じ，多くの場合，より長い間感じるのです。ADHD をもつ人たちは感情を調節するのが難しいことが多く，そのために感情的に不適切な方法で状況に対応してしまうことがあります。たとえば，ストレスを感じたり，怒ったり，別のネガティブな感情を体験したりして

いるときに，それらの激しい感情を断ち切るのに苦労する若者もいます。彼らは，他の人がささいなことだと思うかもしれないことを心配したり，イライラしたりするかもしれません。感情の敏感さもよく体験されます。ADHD をもつ若者は，感情面の敏感さから，状況に対して「フェアじゃない」と言うことがしばしばあります。ADHD をもつ人が「状況をやり過ごすことができそうにない」と，親御さんや先生たちはイライラしてしまうかもしれません。

　ADHD が実行機能の障害を引き起こすことを覚えていれば，感情を調節するのが難しい理由について思いやりをもってすんなり理解できるのではないでしょうか。ただ，ADHD があることで感情を調節することがより困難になるとはいっても，感情のひとつひとつが生活を支配し，何かを感じるまさにその瞬間の反応が決まってしまうということではありません。私たちの目標は，物事が起こっている理由について根本的に理解し，良くない結果にならないような選択をする，ということです。

　しかし，実行機能の障害を持つ若者は，全体像をとらえることが苦手かもしれません。彼らは，そのかわりに，その瞬間に感じるどんなことにもとらわれてしまう傾向があり，そのために感情に対して反射的に反応してしまうのです（なお，感情に対する反応について，反射的に反応する（react）ありかたと，少し考えて対応する（respond）というありかたがあります）。結果として，ネガティブな感情を体験することを恐れて，困難なタスクを避ける，ということをするかもしれません。一方で，困難なタスクをやってみようとする場合，嫌な感情が出そうになればあきらめてしまう可能性があります。また，すぐに圧倒されてどうすればいいかわからなくなってしまうかもしれず，その結果，他の人と関わり合うのを避けることになってしまうこともあります。もし，あなたが上記のような体験をしたことがあるならば，この章で紹介するツールがとても心を和ませてくれ，役に立つでしょう。

　立ち止まって，「これは私の ADHD が原因で起こっていることなのだ」そして単に「感情的になりすぎている」からではないのだ，と言うことができれば，事態を変えることができます。感情的な反応がしっくりこないことを認識し始めることができます。自分の感情について知りたいと思って目を向けたときにだけ，状況に**反応（react）する**のではなく，**対応（respond）する**ことができるのです。この２つの単語の間の重要な違いに注意してください。

　ひと息ついて，R.A.I.N.（p.156 参照）を用いて自分の感情に好奇心を広げ

たら，呼吸法や瞑想などのマインドフルネスの手法を使用して，その状況に居続けることができます。初めは R.A.I.N. 記録用紙を使ってみると，**R.A.I.N.** エクササイズに取り組みやすいでしょう。時間が経つにつれてたやすく感じられるようになり，もはやワークシートが必要なくなるかもしれません。しかし，最初のうちは，ワークシートを使用すると，自分の体験をたどり，そこから学ぶのに役立ちます。非常に感情的な体験をしている最中に（または直前に）このエクササイズを使用するとよいでしょう。

マインドフルネス・エクササイズ：

R.A.I.N

　マインドフルネスの方法を使って感情を調節するためのスキルを向上させることができます。特に，圧倒されてどうすればいいかわからないような状況で行うと役に立ちます。よりマインドフルに自分の感情に対処できるようになる方法として，覚えやすいように頭文字をとったR.A.I.N. を覚えておくとよいでしょう。このテクニックは，強いネガティブな感情を抱いたとき（または，混乱したり圧倒されたりするような強烈に強いポジティブな感情を抱いたときにも），すぐに使用するのがベストですが，どのようなもので，どんな効果があるのかをよく理解するために，まずは，今この静かな瞬間に，やってみることをお勧めします。**R.A.I.N.** 法が思い出させてくれるものは，

Recognize：何が起こっているかを**認識**しましょう。
- 好奇心を持って，あなたが体験している気分に名前を付けてください。

Allow and accept：その体験がそこにあることを，あるがままに**受け入れ**ましょう。
- これは，その気分を**好き**でなければならないという意味ではありません。
- 今，感じている気分であり，一時的なものにすぎないということを受け入れることができるかどうかをちょっと確認してみましょう。

Investigate：思いやりを持って**探求**してみましょう。
- 筋肉が緊張している，みぞおちのあたりに感覚がある，心臓がどきどきしている，呼吸が浅い，など，体になにか感じるものがあるかに目を向けてみましょう。
- その感覚につながっている思いがあるかどうかに気づきましょう。

<u>N</u>atural awareness and non-identity：**ありのまま**の状態に気づき，一体化せず距離を取ること

- その気分や感覚と自分が一体化しないようにしてください。
- 一時的な気分や感覚であることを忘れないでください。それは感情の波であり，すべての感情と同じように，現れてはすぐ消えていくものです。

ワークシートのサンプル：

R.A.I.N. 記録用紙

状況はどのようなものでしたか？	Recognize 認識する	Allow 受け入れる	Investigate 探求する	Natural Awareness ありのままの状態に気づく
	何が起こっていますか？何を思い、どのように感じ、どう行動しましたか？	考えないように、感じないように、というようなことをしないでください。行動したことを隠そうとしないでください。判断を加えず、あるがままにさせておきます。	体に何が起こっているかに目を向けてください。そういった身体感覚によって、どんな感情が引き起こされるかを注意深く観察します。	その気分は一時的なものであり、夢中になる必要がないことに気づきましょう。
例：親（あるいは世話をする立場の人）に語りかけようかチェックしてもらうのを待っていたのに、うわの空っぽっちに、私が伝えたかったこともがほとんど見えないほど修正されたものが返ってきた。	怒りを感じた。興奮し、かっとなって、顔が赤くなった。[感想を止められたので。1字1句の書き直してなんて言っていない）と思った。	体が緊張し、じわじわと怒りがこみ上げてくるのに気づいたが、これらの気分や感覚とともにいて、私のものようなことはしないのようなことはしなかった。	怒りの下にあったのは、本当は傷つきだった。自分は減張ったと思った。その後、彼らからの私を助けるためだけに、多くの時間を費やしてこのサポートをひくれているのだということに気づいた。	激しい怒りが幾分か解消したことに気づいた。今では、彼らのアドバイスによって、文章がすごくよくなっているのがわかった。

ワークシート：

R.A.I.N. 記録用紙

状況はどのようなもの でしたか？	Recognize 認識する	Allow 受け入れる	Investigate 探求する	Natural Awareness ありのままの状態に気づく

愛と思いやりの瞑想

　ADHD をもつ若者が感情の調節に苦労する場合，自信と自尊心に悩むこと
が多くても不思議ではありません。たとえば，何らかのおかしな方法で，ある
いは仲間とは異なる方法で，自分が反射的に反応してしまうことがあるのに気
づいてイライラするかもしれません。また，自分が間違ったことをしていると
いうメッセージを，他の人（親御さん，先生，きょうだい，友人など）から聞
くこともあるでしょう。こういったことがあるとつらいかもしれません。しか
し，あなたの助けになるエクササイズがあるのです！　そのひとつのテクニッ
クが，**愛と思いやりの瞑想**の実践です。愛と思いやりの瞑想を使えば，感情に
注意が向いていることに焦点を当てて変化させることがもっと簡単にできるよ
うになります。一体どういうことでしょうか？　それは，強烈な感情を体験し
たとき，以前よりも早くその感情を手放すことができることに気づく，という
ことです。さらに，不安，ストレス，悲しみが減り，よりマインドフルに生活
する力が増えたことにも気づくかもしれません。

　すぐに変化が起こるわけではありませんが，**これらの習慣を着実に実践して
いけば，暮らしやすさが続くこと**を覚えておくことが大切です。目立った変化
に気づいていない場合でも，焦らずに，変化が心の中で起こる可能性があるこ
とを心にとめておきましょう。ですから，この方法を実践して自分がどのよう
に感じるのか丁寧に押さえておくことも重要です。

　愛と思いやりの瞑想のためのスクリプトがこの後に載せてあります。

マインドフルネス・エクササイズ：

「愛と思いやりの瞑想」のスクリプト

　この瞑想は，どんな姿勢で行ってもかまいません。今この瞬間に体験しているかもしれないどのような考えや感情にも気づくために，少し時間を取ることから始めます。**今現在の様子**がどのようであるかを確認しましょう。準備ができたら，体に気づきを向け始めましょう。足（くるぶしより下の部分）を感じています。脚（くるぶしより上の部分）を……腰を……下半身と上半身を……腕を……肩を……首を……頭を感じています。呼吸の動きを感じ始めています。実際に呼吸している感覚によって，自分がここにいること，生きていて，健やかであることを思い出すことができます。

　準備ができたら，あなたに対して愛情を持って接し親切にしてくれる人，あるいは今まで生きてきた中でそのようにしてくれた人のイメージを心に思い描いてみましょう。温かさと愛情の気持ちがすぐに浮かんでくる人です。友人や，きょうだい，親，他の家族，信頼できる相談相手，または先生であるかもしれません。つまり，優しくしてくれる人，安心して過ごせ，健やかでいられるようにしてくれる人，いつもあなたを大切に思ってくれている人です。そして，過去に出会った人や今知っている人の中から思い浮かばない場合は，いつかきっとあなたの前に現れるというインスピレーションのある人を想像してみてください。その人に健康で安心なことを祈る言葉を送ることを想像してみてください。しっくりする感じがしたら，その人に向けて，次のように言うことを想像してみましょう。

　　あなたが幸せで，健康で，無事でありますように。
　　あなたに愛，温かさ，優しい気持ちがありますように。
　　あなたが災いから守られ，恐怖から自由になれますように。
　　あなたが元気で，何かに熱中し，喜びに満ちていますように。

あなたが心の平穏と安らぎを体験しますように。

　自分自身の表現や幸運を祈る言葉があるかもしれませんので，自分の心に響く言い回しを自由に使ってください。その人が幸運を祈る言葉を受け取ったときのことを思い描き，どんな気持ちになっているかを想像してみてください。では，数分間かけて，その人たちのためにこの願いごとをするとどのように感じられるかをみてみましょう。この健康で安心なことを祈る言葉が，あなたからその人たちへと伝わっていき，あなたがその人たちにつながっていく様子を感じてみましょう。あなたが愛情を感じている人や，大事に思っている人にこの祝福の言葉を送りながら，あなたの中でどんな感じがしているのかに気づいてみましょう。

　それでは，その人があなたのために，まったく同じことを願ってくれている姿を想像できるかやってみましょう。そして，その人が心の中であなたの幸せを願っていることに気づきましょう。その人があなたに向けて，次のように言う姿を想像してみましょう。

　あなたが幸せで，健康で，無事でありますように。
　あなたに愛，温かさ，優しい気持ちがありますように。
　あなたが災いから守られ，恐怖から自由になれますように。
　あなたが元気で，何かに熱中し，喜びに満ちていますように。
　あなたが心の平穏と安らぎを体験しますように。

　そういった気持ちに浸り，その人たちの無条件の愛と思いやりを感じて，愛情と安心感をあなたの中ではぐくみながら，自分は何もしなくても，この気持ちと願いを受ける価値があるのだということに気づきましょう。それは無償で，無条件で与えられているのです。今は，安心と温かさを感じることができないかもしれなくても，それが自分に向けたその人たちからの願いであることに気づきながら，これらの祝福の言葉の意味につながることができるかどうか確かめてみましょう。さあ，自分自身のためにこれらの幸運を祈る言葉を唱えることができるかどう

か試してみましょう。自分に向けて，言ってみましょう。

　　私が幸せで，健康で，愛されますように。
　　私が安全で，守られますように。
　　私が元気で，自由でありますように。
　　私が心の平穏と安らぎを体験しますように。

　家族や親しい友人，あるいは愛するペットのように，簡単にこれらの
幸運を祈る言葉を唱えることができる大切な存在が他にもあるかもし
れません。納得できたら，自分なりのやりかたで，自分なりの言葉で，
その人たちに向けて，言ってみましょう。

　　あなたが人生において，幸せで，健康で，愛されますように。
　　あなたが安全で，守られ，苦しむことがありませんように。
　　あなたが元気で，喜びに満ちていますように。
　　あなたに心の平穏と安らぎがありますように。

　納得できたら，今まで生きてきた中で，これらの幸運を祈る言葉を伝
えることができる人が他にいるかどうかを見てみましょう。おそらく，
友人，きょうだい，親，先生，あるいは近所の人などでしょう。その人
たちに向けて，言ってみましょう。

　　あなたが人生において，幸せで，健康で，愛されますように。
　　あなたが安全で，守られ，災いから自由になりますように。
　　あなたが元気で，喜びに満ちていますように。
　　そしてあなたに心の平穏と安らぎがありますように。

　さらに，もっと範囲を広げることもできるかもしれません。知り合い
にまで広げてみましょう。知り合いというのは，名前は知っているけれ
ども，まだ個人的な関係はない人たちのことです。街中で見かける人た

ち，ご近所の人たち，あるいは，食料品のレジ係のような，とくに気に
も留めないような人たちについても考えてみましょう。その人たちに向
けて，言ってみましょう。

あなたが幸せで，健康で，愛されますように。
あなたが安全で，守られ，苦しみから自由になりますように。
あなたが元気で，何かに熱中し，喜びに満ちていますように。
そしてあなたに心の平穏と安らぎがありますように。

そして，たとえその幸福を祈る言葉が，大切な存在に対するときのよ
うな温かさと愛に満ちたものではなくても，自分や相手が何か特別な気
持ちになるべきだというようなことを期待せずに，願いを広げていくこ
とができるかどうかを見てみましょう。これらの幸福を祈る言葉が表し
ているものとつながり，こういった人々を思い浮かべながら，これらの
幸運を祈る言葉を送りましょう。

願わくは，あの人たちが健康で無事でありますように。
願わくは，あの人たちが人生において，元気で，愛されていると感じ
ますように。

そして，もし自分が丈夫で安心していられると感じているならば，そ
してその状況に心地よさを感じているのであれば，今現在は対応するの
が難しい人に対しても，これらの幸運を祈る言葉を送ってみるのもいい
かもしれません。おそらく，必ずしも人生の中で思い出すと1番つら
くなる人でなくてもかまいません。ただ，なにかイライラさせられたり
誤解があったりしたような人でもよいのです。これを行う際には，次の
ことを覚えておくと役立つかもしれません。つまり，自分とまったく同
じように　，その人は愛されたいと思っていること，そして，自分とまっ
たく同じように，その人は人生の平穏を望んでいるということです。自
分自身に向かって言ってみましょう。

私とまったく同じように，あの人は，幸せと喜びを感じたいと思っています。

私とまったく同じように，あの人は，平穏と安らぎを求めています。そして，あの人は，愛されたいと思い，また，大切な人が安全で，健康であることを知りたいと思っています。

そして，私とまったく同じように，あの人は，自分の持つ内外の手段をすべて使って，最善を尽くしています。

さらに，もしできそうであれば，その人に向けて，次のように静かに言っているところを想像してみてください。

あなたが平穏と安らぎを感じることができますように（もしこれが本当にその人にあてはまるのならば，きっと付き合うのがもっと簡単になる，ということを忘れないようにしましょう）。

あなたの人生に愛と温かさがありますように。

あなたが幸せで，健康で，そして無事でありますように。

もしこうするのが難しい場合でも，願いを伝えるということはどのようなものなのか，ということに気づき，自分がその人の行いを許しているのではなく，その人の中に，自分と同じようなものを必要としている１人の人間を見ているのだ，ということを認識することに価値があるのです。その必要なものとは，愛されること，安全であること，そして心穏やかであることです。

また，可能であれば，あなたとあなたが最も愛していた人たち（家族や友人）から始まった輪を思い出してみましょう。それから，その輪を，遠く離れた国や文化圏に住む，多くの知らない人たちにまで広げていくことを想像しながら，こう言ってみましょう。

あなたが幸せで，健康でありますように。

あなたに心の平穏と安らぎがありますように。

あなたの人生に愛と温かさがありますように。

　自分の周りの動物や植物，そして私たち自身も含めた地球上の，そしてさらに宇宙全体のあらゆる生きものに，この願いを広げていくことを想像して，言ってみましょう。

　私たちがみな，幸せで，健康でありますように。
　私たちがみな，安全で，守られますように。
　私たちがみな，共に，平穏に，安らかに，幸せに生きていますように。

　さて，この愛と思いやりの瞑想を終える際には，時間を取って，この実践によって生み出されたものに感謝し，それを感じましょう。このエクササイズに難しい部分があった場合でも，その部分には，生きているという感覚，つながっているという感覚，所属しているという感覚を高める可能性があることに気づきましょう。

　それでは，もう一度，体の今の状態を感じてみましょう。足（くるぶしより下の部分）から始めて，お尻，胴体の上部，首，頭まで，体を感じていきます。呼吸の動きに気づき始めたら，全身に生命と栄養を届けましょう。あなたが唱えた幸運を祈る言葉があなたの周りの人たちに生命と栄養をもたらすのとまったく同じように，やってみましょう。

Kabat-Zinn（1990）より改変

感情と上手く付き合うためのその他のヒント

　自分自身の感情について，立ち止まって，自分がそれをどのように体験しているのかを認識することは，非常に難しいことです。自分が持っている感情について，状況や他の人のせいにするほうが楽なことが多いのです。この本に記載されているヒントは，すべて，自分の体験に気づきを向けるのに役立つ方法です。自分の中の感情的な反応（または感情調節の不備）を認め，変更することができるということに気づく力を身につけることによって，よりストレスの少ない生活に近づいていきます。他に感情をコントロールするためのヒントとしては次のようなものがあります。

- **バランス**：バランスの取れた生活が送れるようにしてみましょう。ストレスの多いことばかりに関わるだけでなく，自分自身のために使える時間を持つ必要があります。
- **睡眠**：十分な睡眠が取れていれば，感情的に反応するのではなく，前向きでいること，状況に対応することが，よりたやすくなります。多くの場合，ティーンエイジャーは，毎日を無事過ごしていくために睡眠はほとんどいらないと感じています。しかし，ティーンエイジャーの睡眠時間は 9 〜 9.5 時間が推奨されています。実際には少なすぎるという結果（毎晩 7 〜 7.5 時間）が，多くの研究から出ています。
- **運動と栄養**：身体活動に関していえば，とにかく毎日運動を続けることが重要で，それにくらべればどんな種類の運動をするかはそれほど重要ではありません。たとえば，毎日犬を散歩に連れて行ったり，宿題の前に腹筋運動や腕立て伏せをしたりすることを日常的に行うことができます。同様に，体にエネルギーを与えるような食べ方をすることも重要です。ティーンエイジャーは，朝食を食べる時間がないとよく言いますが，ストレスの多い状況に置かれる前に，脳と体が目を覚ますようにするためには，何かを食べることが大切です。
- **宿題と学習計画**：何をするか，（そして，いつそれを行うか）について計画することで，思いがけず土壇場で感情的な反応をしてしまうことを防ぐことができます。**宿題オーガナイザー**や**長期用プランナー**のような，あらかじめ計画するための方法をすでにこの本の中でいくつか学ん

できました。また，達成しなければならないことに関して，ToDo（や
ること）リストを作るのもよいでしょう。

- **感情は一時的なものです**：今体験している感情がどれだけ大きくても，
  消えていくものだということを思い出しましょう。感情は現れてはすぐ
  消えるものなので，永遠にこの強い感情を感じ続けることはないことを
  思い出すと役に立ちます。

- **5分休憩しましょう**：後で後悔しそうなやり方で反応してしまいそうだ
  と感じ始めたら，その場から離れましょう。とにかく，体と心が落ち着
  くのを助けるために必要な時間——短くて5秒間，長ければ5分間かか
  るかもしれません——，その場から離れていましょう。なお，誰かと話
  している最中に，相手から離れる場合には，自分がしていることをはっ
  きりと伝えることが大切です。

- **相手のやり方を尊重する視点を持ちましょう**：自分と関係がない場合に
  は，ものごとを個人的に受け取らないようにしましょう。たとえば，自
  分が同意していないことを誰かがしていてそれに腹が立つ場合には，そ
  の人にも感情やその人なりの視点を持つことが許されているのだという
  ことを，思い出しましょう。自分が何かについて意見を持っているから
  といって，それだけで，他の人が同じ意見を持っている（または持つ必
  要がある）わけではありません。

必ず習慣にしましょう！

- マインドフルネス瞑想記録用紙
- **R.A.I.N.**：激しい感情を体験したら，**R.A.I.N.** 法のワークシートを参
  照し，体験を通して自分自身に問いかけましょう。
- 愛と思いやりの瞑想
- ここまで学んできた方法を使い続けましょう。

ワークシート：

マインドフルネス瞑想記録用紙

＿＿月＿＿日からの 1 週間：

日付（曜日）	練習しましたか？	気づいたこと・感想
／ （　）		
／ （　）		
／ （　）		
／ （　）		
／ （　）		
／ （　）		
／ （　）		

第8章 決意

D：Determination

必ず習慣にしましょう！

- 前週までのふり返りとまとめ
- プランナーやカレンダーの使用
- 「セルフケア」の重要性
  ―「セルフケア」の誓い（真摯に取り組むこと）
  ―「ANCHORED（アンカード）」の誓い（真摯に取り組むこと）

前週までのふり返りとまとめ

- **第1章**は，「Attention（注意を向けること）と Acceptance（受け入れること）」について扱いました。ここでは，ADHD とは何かを学び，このワークブックが生活のさまざまな側面でどのように役立つのかについて学びました。そして，あなたは，ADHD の諸症状にもっとうまく対処することができるように，**あなた自身が**この本で紹介されている方法を使ってみるのも悪くないと，受け入れられるようになりました。

- **第2章**は，Natural Awareness（ありのままの状態に気づくこと）について扱いました。ここでは，マインドフルな状態であることが，ADHD にどのような助けになるのかについて学びました。また，エクササイズに取り組むことによって，自分の空間，心，体の中で何が起こるかについて，また，時間について，ありのままに気づくことができるようになりました。

- **第3章**は，Concentrating on Purpose（意図的に集中すること）について扱いました。この章では，集中しようとするときに直面する可能性のある問題を取り上げ，集中力を高めるためのマインドフルネス・エクササイズを紹介しました。また，宿題をやりくりしやすくするためのツー

ルも紹介されています。

- **第4章**は，Happy Homework（楽しい宿題）と題し，宿題に焦点を当てています。宿題の背後にあるストレスについて学ぶと同時に，短期的にも長期的にも前向きな捉え方で，学業に取り組む方法についても学びました。

- **第5章**は，Open and Organized（心を開いて受け入れること，整理できていること）というタイトルでした。ここでは，新しい学習法を組み込むというアイディアに心を開くことができるようになることをお勧めしました。また，効果的な整理整頓法とさまざまな学習テクニックを使えば，幸福度を全体的に向上させることができることを学びました。

- **第6章**では，3つのR，つまり，Recognize, Relax, and Reflect（認識し，リラックスし，よく考える）の重要性について学びました。この章では，体をリラックスさせるために，自分の感覚を認識し，働かせるためのマインドフルネスのエクササイズをさらにたくさん学びました。また，モノタスクとマルチタスクの違いについて検討し，人間の脳は一度に1つのことに集中するように，より自然に神経回路が備わっていることを学びました。

- **第7章**は，Emotions（感情）についてでした。感情面で苦労することは，ADHD に取り組むうえで誰でも経験することだということを学びました。また，自分の感情が強烈で，恐ろしく，手に負えないように思える場合でも，それをうまく操縦するための方法も，いくつか見つけました。

- **第8章**は，一緒に ANCHORED（アンカード）法の旅をしてきた私たちの最後のセクションであり，ここでは **Determination（決意）**について扱います。それは，マインドフルな人生を送りつづけることへの決意です！ すなわち，ストレスと体験する ADHD の症状をコントロールするのに役立つ新しい方法を見つけることに好奇心を持って真摯に取り組み続けることです。これまで多くの自己発見と努力をして，自分のためになる方法をいくつか見てきたのですから，決意とは，この道を歩き続けることに他なりません。

考えてみると，ここでの決意とは，これまで紹介してきたひとつひとつのマインドフルネス実践を含むマインドフルネスな生活を送り続けることへの決意

のことです。これまでの章をふり返ってみると，新しいスキルや特徴が実際に
定着するのは，数週間練習をした後のことだという話をしてきました。マイン
ドフルな心の在りようは，毎日の生活の中で何か新しいことを試すことを気軽
に感じられるようになるために重要なだけでなく，その数日後，数週間後に，
その「何か」を行動に移すためにも重要なのです。これまで取り組んできた多
くの課題は，どれもが，何か新しいことに気づき，実行する力を伸ばしてくれ
るものばかりです。それらの課題には，日々の活動に気づく力を身につけるこ
とから，瞑想中に体の中の感じを意識することを学び，さらには周りの生きと
し生けるものの感じたことや体験に対してマインドフルになる方法を学ぶこと
まで，いろいろなものがありました。これらの活動を通して，より注意が払え
るようになり，状況に反射的に反応しないようになり，より感情をコントロー
ルできるようになり，より整理され，より自分の将来をイメージし，計画する
ことができるようになる方法を学んできたのです。

　どのようにしてここまで，これらのことをうまくやってこられたのでしょ
う？　それは，**あなたが**，マインドフルネスを通して学んだ（そして学び続け
ている）からこそ，強く，有能になったのです。ADHDのほとんどの人にとっ
て最大の課題の1つは，ADHDの診断によって，その人の人格や能力が定義
されるわけではないということを理解することです。もしネガティブな自己イ
メージを持ってこのワークブックを始めた場合には，自分自身について，そし
てADHDとの付き合い方についての考え方を，これらの活動の多くによって，
見つめなおすことができたのであれば幸いです。本書の残りの部分では，感情
面での安らぎについての側面を強化し，この新しい道を進み続けていくことを
応援します。

プランナー／カレンダー

　宿題をパソコンやタブレットで電子的に完成して提出する習慣のある学校に
通っている人は，カレンダーやプランナーは必要ないと感じてしまうことがあ
ります。しかし，先延ばしにしないためには，事前に計画を立てることがや
はり大切です。このワークブックでは，宿題を扱いやすく分割し，タイムマネ
ジメントの技術を向上させる方法として，**宿題オーガナイザー**と**長期用プラン
ナー**の使い方を学びました。これらのツールを使用するコツをつかみ，体内時

計（見積もった時間）と体外時計（実際の時間）の時間の差が小さくなったら，宿題を，通常のカレンダー（または学生が通常使っているプランナー）に書き出すようにしてみるとよいでしょう。スマートフォンやコンピュータ上の電子カレンダーを使う方が好きかもしれませんし，紙のカレンダーを使いたい場合もあるでしょう。整理されている状態を維持することができるのであれば，どちらを選んでもかまいません。人との付き合いに関する項目や学校関連以外の項目も，カレンダーに書き入れる必要があります。そのようにして，**週間スケジュール**，**宿題オーガナイザー**，および**長期用プランナー**を組み合わせて使ってもよいのです。どんな場合であれ，数週間後や数カ月後だけでなく，近い将来に状況がどうなっているのかについて，現実的に見ることができるようになるでしょう。これは非常に励みになることです！　自分の時間がどのように使われているかがわかり，数週間は勉強が大変であってもいつかは過ぎていくことを知り，以前は恐ろしく感じられた長期的な成果に向かって，自分が進歩している姿を見ることができます！

「セルフケア」の重要性

　セルフケアとは，自分が全体的に健康でいるために行うあらゆる活動のことです。簡単そうに思えるかもしれませんが，忙しくなると見落とされることが多くなります。第1章で行った「プレート法」について考えてみてください。そこには十分なセルフケア活動が含まれているように見えましたか？　息抜きの時間よりも，やらなければいけないことの方がはるかに多くなっていませんでしたか？　心身ともに調子がよくなるようなことをする時間を常に作るようにするのが大切です。そうすれば，自信と自尊心を高めることができます。

　セルフケアへの誓いを進めるためのエクササイズを，以下に紹介します。自分自身で誓いを立て，意図（こころざし）を設定すると，もっとマインドフルに生活できるようになり，不必要なストレスがなくなります。

ワークシート：

セルフケアの誓い

私がセルフケアを実践する理由
（例：ストレスを感じることを減らすため，楽しい時間を過ごすことを忘れないため）

_____

_____

_____

_____

私のセルフケア実践方法

1. _____

2. _____

3. _____

私がセルフケアを必ず実践するために必要なサポート
（例：セルフケアの実践をするのを忘れないように，両親や親しい友人，または別の支援者から教えてもらいたい）

1. _____

2. _____

3. _____

　また，このワークブックで学んだスキルを継続するための誓いも立てましょう。

ワークシート：
「ANCHORED（アンカード）」の誓い

　これまで，このワークブックでもっと幸せで健康的に生活するにはどうすればよいかについて多くのことを学んできました。今回，お伝えしてきた作戦や活動について時間を割いて練習したことについて自分を褒めてあげましょう。それができたら次に，これらのツールを使い続けるために，数分かけて誓いを立ててみましょう。たとえば，**宿題オーガナイザー，長期用プランナー，**または**マインドフルネス瞑想の呼吸法**などを使うことを誓うのもよいでしょう！　学んだスキルをうまく使い続けられるようにしてくれるなら，どんなことでもよいのです。

私は，もっとANCHORED な落ち着きのある生活を送るために，次のことを行うことを誓います。

　　1.＿＿＿＿＿＿＿＿＿＿＿＿＿＿＿＿＿＿＿＿＿＿＿＿＿＿＿
　　2.＿＿＿＿＿＿＿＿＿＿＿＿＿＿＿＿＿＿＿＿＿＿＿＿＿＿＿
　　3.＿＿＿＿＿＿＿＿＿＿＿＿＿＿＿＿＿＿＿＿＿＿＿＿＿＿＿
　　4.＿＿＿＿＿＿＿＿＿＿＿＿＿＿＿＿＿＿＿＿＿＿＿＿＿＿＿
　　5.＿＿＿＿＿＿＿＿＿＿＿＿＿＿＿＿＿＿＿＿＿＿＿＿＿＿＿
　　6.＿＿＿＿＿＿＿＿＿＿＿＿＿＿＿＿＿＿＿＿＿＿＿＿＿＿＿
　　7.＿＿＿＿＿＿＿＿＿＿＿＿＿＿＿＿＿＿＿＿＿＿＿＿＿＿＿
　　8.＿＿＿＿＿＿＿＿＿＿＿＿＿＿＿＿＿＿＿＿＿＿＿＿＿＿＿
　　9.＿＿＿＿＿＿＿＿＿＿＿＿＿＿＿＿＿＿＿＿＿＿＿＿＿＿＿
　10.＿＿＿＿＿＿＿＿＿＿＿＿＿＿＿＿＿＿＿＿＿＿＿＿＿＿＿

私は，これらのことを忘れないようにするために次のような工夫をします。
（例：カレンダーに書きます，電話の通知を設定します，リマインダーを設定します）

_____

_____

_____

私が支援を求めようと思っている人は

_____

_____

_____

瞑想スクリプト

<u>ワークシート</u>

深呼吸の瞑想

時間：３分間

　背骨を自分で支えるように，椅子から背を離して，楽な姿勢で座りましょう。

　両足を床につけます。

　手は膝の上におきます。片方の手を胸に，もう片方を下腹部に当てて，呼吸で体の中が膨らんだりへこんだりするのを感じられるようにしてみてもよいかもしれません。

- **体に注目しましょう。** 楽な姿勢で座りますが，注意は怠りません。肩や腰部をリラックスさせ，足の裏は床に着けておきます。目を閉じます。
- **呼吸に注目しましょう。** 鼻から息を吸います。鼻から，鼻と口両方から，あるいは口だけで楽に息を吐きます。体に入っては出ていく呼吸によって生じる上下の動きに注目しましょう。４数えるまで息を吸って，４から８数えるまで息を吐く，としてもいいかもしれません。
- **何が起こるのか注目しましょう**
   - **考え**：あなたは考えていますか？　何について考えていますか？　あなたの心はさまよっていますか？　ボーッと空想にふけっていますか？　やることリストを作っていますか？　最近起こったことやずっと前に起こったことを思い出していますか？
   - **気分**：何を感じていますか？　良いものでも悪いものでも，なにか感情に気がつきましたか？
   - **感覚**：体の中に何か感じますか？　それは心地よいですか？　不快ですか？　どちらでもないですか？　痛みや緊張を感じていますか？　リラックスしている部分はありますか？

―「息を吸って，私は自分の心と体を落ち着かせている。息を吐い
　て，私は心と体の中に抱えているものを解き放っている」と心の
　中でつぶやきながら，呼吸をし続けてください。

Kabat-Zinn（1990）より改変

<u>ワークシート</u>

マインドフル　イーティング　エクササイズ

　椅子にゆったりと座って，まるで見たことがないかのように，レーズンを見てみましょう。自分が別の惑星から来た人で，レーズンはまったく初めて見るものだと想像してみてください。レーズンを手に取り，転がしてみましょう。形，手触り，色，大きさ，温度，硬さ，柔らかさなどを見てみましょう。

　もし何か他のことを考えていることに気づいても，やって来たその考えにただ気づき，やって来るものとしてそのまま放っておいて，注意をレーズンに戻します。今度は，腕の動きに気づきながら，レーズンを鼻に持ってきて，においを嗅いでみてください。レーズンを口の中に入れますが，噛んだり飲み込んだりはしません。

　舌触り，味，形など，すべての感覚に注意を払いましょう。準備ができたら，1回噛んで，その変化に気づいてください。新しい舌ざわりに気づいてください。

　口の中の残りの部分に気づいてください。あなたの持つすべての感覚に気づいてください。さあ，ゆっくりと意識してレーズンを噛んでみましょう。準備ができたら，飲み込みます。

ワークシート

テスト対策用の瞑想

　地面（床）に足をつけて，目を閉じて楽に座ってください。手は心地よく感じるところならどこに置いても構いません。テストがある日の朝で，ちょうど学校に到着したところを想像してみてください。

　歩いて校内に入っていくと友人やクラスメイトに会います。先生にも会えるかもしれません。この間ずっと，あなたの心と体はリラックスしています。周りにいる数名の生徒が緊張しているのに気づいても，自分が頑張って準備してきたことに自信を持ち，テストを受ける準備ができています。教室に近づくにつれ，心臓の鼓動が少し速くなってきました。自分の気分を受け入れ，このテストを受ける準備は十分できているということを，改めて思い起こします。

　今，教室の中にいて，自分の机に座っています。このテストを受ける準備は十分できています。テストが配られる間，あなたは落ち着いており，集中し，始める準備ができています。さあ，テストが始まりました。

　あなたはじっくりと，そしてゆっくりと，各問題に答えています。あなたはすべての問題の指示を完全に読み，自信を持って答えています。解いている問題はすべて，よく知っている問題です。あなたは問題に出題されている概念や考え方を勉強し，覚えています。テストの最後まで解答し続けます。

　それから，テストを先生に提出し，自分の席に戻ります。テストが終わり，成果があったことを幸せに感じ，自分の努力が報われたことを知ります。自分の最善を尽くしたことを知ることで，このふり返りの瞬間を楽しんでください。

　ベルの音が聞こえたら，目を開き，今いる部屋に戻りましょう。

<u>ワークシート</u>

ボディスキャン瞑想

　横になって，体をゆったりさせます。静かに目を閉じましょう。ほんの少し時間を取って，呼吸の動きと体の感覚，特に体が床やベッドと触れているところの感触や圧迫感を感じ取りましょう。

　息を吐くたびに，自分を解放して，寝そべっているところに体が少しだけ沈みこむようにしてください。

　ボディスキャンの意図するところを確認しましょう。目的は，気分を変えることでも，リラックスすることでも，落ち着くことでもありません。そういうことは起きるかもしれないし，起きないかもしれません。ボディスキャンの意図するところは，体の各部分に順番に注意を集中しながら，そこから見つけたどのような感覚にも，可能な限り気づきを向けることです。

　さあ，下腹部の身体感覚に気づきを向けてみましょう。息を出し入れするたびに，腹部内壁の感覚パターンが変化することに気がつくでしょう。

　腹部の感覚につながりを持ったら，気づきの焦点を左脚に下ろしていきましょう。さらに左足先に下ろし，左足のつま先まで行って抜けていきましょう。左足の指のひとつひとつに焦点を当てます。順番に，穏やかな好奇心を持って，見つけ出した感覚の性質を調べていきます。指と指とが接触している感覚があることに気づくかもしれませんし，ヒリヒリしていたり，ホカホカしていたりするかもしれません。あるいは，特になにも感じないかもしれません。

　準備ができたら，息を吸いながら，肺に息が入っていき，その後，腹部を通って左脚，さらに左足に入り，つま先まで達するのを感じ，そのようなイメージを浮かべてみてください。次に，息を吐きながら，呼気がつま先から脚に戻り，腹部を通り抜けて，肺を通り，鼻から抜けていくような，さっきと反対の方向に戻ってくるのを感じ，そのようなイ

メージを浮かべてみましょう。

　可能な限りで構いませんので，あと２，３回，つま先に向かって体を通り抜けるように息を吸い，つま先から戻ってきて息を吐き出す，という呼吸を続けてください。コツをつかむのは難しいかもしれません。遊び心を持ちつつ，とにかくこの「息を吹き込むこと」をできるだけ練習してみてください。

　さて，十分につま先に集中できたら，息を吐き出すときに，つま先から注意を離し，左足の裏の感覚に気づきを向けてください。足の裏や足の甲，かかとにも，優しく調べるような気づきをもたらしましょう。特にかかとは床と接触しているところの感覚を優しく調べるようにしてみましょう。感覚と「ともに呼吸をする」ことを試してみましょう。すなわち，足の下の方の感覚を探りながら，それと共に続いている呼吸にも気づいていましょう。

　それでは，足の残りの部分への気づきを広げていきましょう。足首や，足の甲，骨や関節へとどんどん広げていきます。そして，少し大きく息を吸い込み，左足全体に気づきを向けて，その息を吐きながら完全に左足をあるがままの状態に解放し，左脚の下のほう，ふくらはぎや向こうずね，膝などに，気づきを順番に向けていきましょう。

　体の残りの部分のひとつひとつ，たとえば，左脚の上の部分や右足のつま先，右足，右脚，骨盤周り，背中，お腹，胸，指，手，腕，肩，首，頭，顔の順に，それらの部位の身体感覚への気づきと穏やかな好奇心を向け続けましょう。それぞれの体の部分においても同様に，可能な限り，今そこにある身体感覚にきめ細かい気づきと穏やかな好奇心を向けていきます。

　それぞれの主要な部分を離れるときには，息を吸ってその場所に「流し入れ」てから，息を吐き，その部分を手放すようにします。体の特定の部分に張った感じやその他の強い感覚などがあることに気づいたら，そこに「息を吹き込み」ましょう。息を吸いながら，感覚の中に気づきをそっと向けてみましょう。そして，息を吐きながら，可能な限り，感覚をそのままにして，解き放ちましょう。

　ときどき，心が呼吸や体から離れてさまようことになるのは当然のことで，まったく正常なことです。心はさまようものなのです。心がさまよっていることに気づいたら，静かにそのことを受け入れて，どこに心がさまよっていったかに気づき，その後，焦点を合わせたいと思っている体の部分に穏やかに注意を戻しましょう。

　このようなやり方で，全身を「スキャン」し終えたら，体全体の感覚と，呼吸が自由に体から出たり入ったりしている感覚に，2～3分間気づきを向けてみましょう。もし眠ってしまいそうなら，枕で頭を支えたり，目を開けたり，横にならずに座って練習したりするほうがよいかもしれません。自宅で実践しながら，いろいろ試してみてください。また，1日のうちの異なる時間帯で試してみるのもよいでしょう。

Kabat-Zinn（1990）より引用

ワークシート

愛と思いやりの瞑想

　この瞑想は，どんな姿勢で行ってもかまいません。今この瞬間に体験しているかもしれないどのような考えや感情にも気づくために，少し時間を取ることから始めます。**今現在の様子**がどのようであるかを確認しましょう。準備ができたら，体に気づきを向け始めましょう。足（くるぶしより下の部分）を感じています。脚（くるぶしより上の部分）を……腰を……下半身と上半身を……腕を……肩を……首を……頭を感じています。呼吸の動きを感じ始めています。実際に呼吸している感覚によって，自分がここにいること，生きていて，健やかであることを思い出すことができます。

　準備ができたら，あなたに対して愛情を持って接し親切にしてくれる人，あるいは今まで生きてきた中でそのようにしてくれた人のイメージを心に思い描いてみましょう。温かさと愛情の気持ちがすぐに浮かんでくる人です。友人や，きょうだい，親，他の家族，信頼できる相談相手，または先生であるかもしれません。つまり，優しくしてくれる人，安心して過ごせ，健やかでいられるようにしてくれる人，いつもあなたを大切に思ってくれている人です。そして，過去に出会った人や今知っている人の中から思い浮かばない場合は，いつかきっとあなたの前に現れるというインスピレーションのある人を想像してみてください。その人に健康で安心なことを祈る言葉を送ることを想像してみてください。しっくりする感じがしたら，その人に向けて，次のように言うことを想像してみましょう。

　あなたが幸せで，健康で，無事でありますように。
　あなたに愛，温かさ，優しい気持ちがありますように。
　あなたが災いから守られ，恐怖から自由になれますように。
　あなたが元気で，何かに熱中し，喜びに満ちていますように。

あなたが心の平穏と安らぎを体験しますように。

　自分自身の表現や幸運を祈る言葉があるかもしれませんので，自分の心に響く言い回しを自由に使ってください。その人が幸運を祈る言葉を受け取ったときのことを思い描き，どんな気持ちになっているかを想像してみてください。では，数分間かけて，その人たちのためにこの願いごとをするとどのように感じられるかをみてみましょう。この健康で安心なことを祈る言葉が，あなたからその人たちへと伝わっていき，あなたがその人たちにつながっていく様子を感じてみましょう。あなたが愛情を感じている人や，大事に思っている人にこの祝福の言葉を送りながら，あなたの中でどんな感じがしているのかに気づいてみましょう。
　それでは，その人があなたのために，まったく同じことを願ってくれている姿を想像できるかやってみましょう。そして，その人が心の中であなたの幸せを願っていることに気づきましょう。その人があなたに向けて，次のように言う姿を想像してみましょう。

　あなたが幸せで，健康で，無事でありますように。
　あなたに愛，温かさ，優しい気持ちがありますように。
　あなたが災いから守られ，恐怖から自由になれますように。
　あなたが元気で，何かに熱中し，喜びに満ちていますように。
　あなたが心の平穏と安らぎを体験しますように。

　そういった気持ちに浸り，その人たちの無条件の愛と思いやりを感じて，愛情と安心感をあなたの中ではぐくみながら，自分は何もしなくても，この気持ちと願いを受ける価値があるのだということに気づきましょう。それは無償で，無条件で与えられているのです。今は，安心と温かさを感じることができないかもしれなくても，それが自分に向けたその人たちからの願いであることに気づきながら，これらの祝福の言葉の意味につながることができるかどうか確かめてみましょう。さあ，自分自身のためにこれらの幸運を祈る言葉を唱えることができるかどう

か試してみましょう。自分に向けて，言ってみましょう。

　私が幸せで，健康で，愛されますように。
　私が安全で，守られますように。
　私が元気で，自由でありますように。
　私が心の平穏と安らぎを体験しますように。

　家族や親しい友人，あるいは愛するペットのように，簡単にこれらの幸運を祈る言葉を唱えることができる大切な存在が他にもあるかもしれません。納得できたら，自分なりのやりかたで，自分なりの言葉で，その人たちに向けて，言ってみましょう。

　あなたが人生において，幸せで，健康で，愛されますように。
　あなたが安全で，守られ，苦しむことがありませんように。
　あなたが元気で，喜びに満ちていますように。
　あなたに心の平穏と安らぎがありますように。

　納得できたら，今まで生きてきた中で，これらの幸運を祈る言葉を伝えることができる人が他にいるかどうかを見てみましょう。おそらく，友人，きょうだい，親，先生，あるいは近所の人などでしょう。その人たちに向けて，言ってみましょう。

　あなたが人生において，幸せで，健康で，愛されますように。
　あなたが安全で，守られ，災いから自由になりますように。
　あなたが元気で，喜びに満ちていますように。
　そしてあなたに心の平穏と安らぎがありますように。

　さらに，もっと範囲を広げることもできるかもしれません。知り合いにまで広げてみましょう。知り合いというのは，名前は知っているけれども，まだ個人的な関係はない人たちのことです。街中で見かける人た

ち，ご近所の人たち，あるいは，食料品のレジ係のような，とくに気に
も留めないような人たちについても考えてみましょう。その人たちに向
けて，言ってみましょう。

あなたが幸せで，健康で，愛されますように。
あなたが安全で，守られ，苦しみから自由になりますように。
あなたが元気で，何かに熱中し，喜びに満ちていますように。
そしてあなたに心の平穏と安らぎがありますように。

そして，たとえその幸福を祈る言葉が，大切な存在に対するときのよ
うな温かさと愛に満ちたものではなくても，自分や相手が何か特別な気
持ちになるべきだというようなことを期待せずに，願いを広げていくこ
とができるかどうかを見てみましょう。これらの幸福を祈る言葉が表し
ているものとつながり，こういった人々を思い浮かべながら，これらの
幸運を祈る言葉を送りましょう。

願わくは，あの人たちが健康で無事でありますように。
願わくは，あの人たちが人生において，元気で，愛されていると感じ
ますように。

そして，もし自分が丈夫で安心していられると感じているならば，そ
してその状況に心地よさを感じているのであれば，今現在は対応するの
が難しい人に対しても，これらの幸運を祈る言葉を送ってみるのもいい
かもしれません。おそらく，必ずしも人生の中で思い出すと一番つらく
なる人でなくてもかまいません。ただ，なにかイライラさせられたり誤
解があったりしたような人でもよいのです。これを行う際には，次のこ
とを覚えておくと役立つかもしれません。つまり，自分とまったく同じ
ように，その人は愛されたいと思っていること，そして，自分とまった
く同じように，その人は人生の平穏を望んでいるということです。自分
自身に向かって言ってみましょう。

私とまったく同じように，あの人は，幸せと喜びを感じたいと思っています。

私とまったく同じように，あの人は，平穏と安らぎを求めています。そして，あの人は，愛されたいと思い，また，大切な人が安全で，健康であることを知りたいと思っています。

そして，私とまったく同じように，あの人は，自分の持つ内外の手段をすべて使って，最善を尽くしています。

さらに，もしできそうであれば，その人に向けて，次のように静かに言っているところを想像してみてください。

あなたが平穏と安らぎを感じることができますように（もしこれが本当にその人にあてはまるのならば，きっと付き合うのがもっと簡単になる，ということを忘れないようにしましょう）。

あなたの人生に愛と温かさがありますように。

あなたが幸せで，健康で，そして無事でありますように。

もしこうするのが難しい場合でも，願いを伝えるということはどのようなものなのか，ということに気づき，自分がその人の行いを許しているのではなく，その人の中に，自分と同じようなものを必要としている1人の人間を見ているのだ，ということを認識することに価値があるのです。その必要なものとは，愛されること，安全であること，そして心穏やかであることです。

また，可能であれば，あなたとあなたが最も愛していた人たち（家族や友人）から始まった輪を思い出してみましょう。それから，その輪を，遠く離れた国や文化圏に住む，多くの知らない人たちにまで広げていくことを想像しながら，こう言ってみましょう。

あなたが幸せで，健康でありますように。

あなたに心の平穏と安らぎがありますように。

あなたの人生に愛と温かさがありますように。

自分の周りの動物や植物，そして私たち自身も含めた地球上の，そしてさらに宇宙全体のあらゆる生きものに，この願いを広げていくことを想像して，言ってみましょう。

私たちがみな，幸せで，健康でありますように。
私たちがみな，安全で，守られますように。
私たちがみな，共に，平穏に，安らかに，幸せに生きていますように。

さて，この愛と思いやりの瞑想を終える際には，時間を取って，この実践によって生み出されたものに感謝し，それを感じましょう。このエクササイズに難しい部分があった場合でも，その部分には，生きているという感覚，つながっているという感覚，所属しているという感覚を高める可能性があることに気づきましょう。

それでは，もう一度，体の今の状態を感じてみましょう。足（くるぶしより下の部分）から始めて，お尻，胴体の上部，首，頭まで，体を感じていきます。呼吸の動きに気づき始めたら，全身に生命と栄養を届けましょう。あなたが唱えた幸運を祈る言葉があなたの周りの人たちに生命と栄養をもたらすのとまったく同じように，やってみましょう。

Kabat-Zinn（1990）より改変

参考文献

ご参考までに，本書をご購入くださった方は，www.pesi.com/ANCHORED よりワークシートやハンドアウトをダウンロードしたりプリントアウトしたりすることができます（ただし英語版です）。

Adesman, A.R.（2001）. The diagnosis and management of attention-deficit/hyperactivity disorder in pediatric patients. *Journal of Clinical Psychiatry, 3*, 66-77.

American Psychiatric Association.（2013）. *Diagnostic and statistical manual of mental disorders*（5th ed.）. Arlington, VA: Author.
（日本精神神経学会 日本語版用語監修；高橋三郎・大野裕監訳（2014）DSM-5 精神疾患の診断・統計マニュアル. 医学書院）

Babich, A, Burdine, P., Albright, L., & Randol, P.（1976）. *CITE Learning Styles Instrument.* Wichita, KS: Murdoch Teachers Center.

Barkley,R.（2012）. *Executive functions: What they are, how they work, and why they evolved.* New York, NY: Guilford Press.

Bierdman,J., Newcorn, J., & Sprich, S.（1991）. Comorbidity of attention deficit hyperactivity disorder with conduct, depressive, anxiety, and other disorders. *The American Journal of Psychiatry, 148*, 564-577.

Brown, T.E.（2005）. *Attention deficit disorder: The unfocused mind in children and adults.* New Haven, CT: Yale University Press Health and Wellness.

Brown, T.E.（2013）. *A new Understanding of ADHD in Children and Adults: Executive function impairments.* New York, NY: Routledge.

Faraone, S.V., Sergeant, J., Gillberg, C., & Biederman, J.（2003）The worldwide prevalence of ADHD: Is it an American condition? *World Psychiatry, 10*, 104-113.

Harpin, V.A.（2005）. The effect of ADHD on the life of an individual, their family, and community from preschool to adult life. *Archives of Disease in Childhood, 90*, 2-7

Kabat-Zinn, J.（1990）. *Full catastrophe living: Using the wisdom of your body and mind to face stress, pain, and illness.* New York, NY: Delacorte Press.
（春木豊訳（1993）生命力がよみがえる瞑想健康法—"こころ"と"からだ"のリフレッシュ. 実務教育出版）

Lange, K., Reichl, S., Tucha, L., & Tucha, O.（2010）. The history of attention deficit hyperactivity disorder. *ADHD Attention Deficit and Hyperactivity Disorder, 2*, 241-255.

Leibson, C.L., Katusic, S.K., Barbaresi, W.J., Ransom, J., & O'Brien, P.C.（2001）Use and costs of medical care for children and adolescents with and without attention-deficit/

hyperactivity disorder. *JAMA, 285*, 60-66.

MTA Cooperative Group. (1999). A 14-month randomized clinical trial of treatment strategies for attention-deficit/hyperactivity disorder. Multimodal treatment study of children with ADHD. *Archives of General Psychiatry, 56*, 1073-86.

Pastor, P.N., Reuben, C.A., Duran, C.R., & Hawkins, L.D. (2015) *Association between diagnosed ADHD and selected characteristics among children aged 4-17 years: United States, 2011-2013. NCHS data* (Brief No.201). Hyattsville, MD: National Center for Health Statistics.

Strock, M. (2006). *Attention deficit hyperactivity disorder* [Brochure]. Bethesda, MD: National Institute of Mental Health.

Zylowska, L., Ackerman, D.L., Yang, M.H., Futrell, J.L., Horton, N.L., Hale, T.S., ..., Smalley, S.L. (2008). Mindfulness meditation training in adults and adolescents with ADHD. *Journal of Attention Disorders, 11*, 737-746.

監訳者あとがき

　このワークブックは，ADHD（Attention-Deficit/Hyperactivity Disorder：注意欠如・多動症）の診断をもつ，あるいは，その傾向のためにさまざまな日常場面での“上手くいかない感じ”を抱いている学生の皆さんに対し，生活の中でぶつかりやすい壁を話題に取り上げながら，マインドフルな状態になることを大切にした生活を促しています。ADHD は，幼少期から不注意，多動性，衝動性といった症状が現れる発達障害のひとつです。たとえば，米国精神医学会の診断基準 DSM-5（Diagnostic and Statistical Manual of Mental Disorders, Fifth Edition）によれば，12 歳以前に症状を認めるもの，とされています。また本書は，そのような学生さんを見守り，支えておられる周囲の皆さん，さらには，ADHD 傾向のあるなしにかかわらず，10 代から大学生に至る若い人たちの中で，混乱しがちな思考と行動を整理する術を身に着けたい，自分や周囲を大切に思えるようになりたい，自分の感情に飲み込まれることなくコントロールできたら素晴らしい，と思っている方々にも，是非一度，手に取っていただきたい 1 冊です。

　「マインドフルネス」とは，意識的に自身の注意を“今この瞬間”に向けて，そこに価値判断を含めず体験し続けようとすること，と説明できます。自分がマインドフルな状態になろうと思えば容易にその状態になれるように，少しずつ，さまざまなエクササイズを重ねていきます。マインドフルネスのこの側面は，自身が自分の注意を向ける対象を選び取る練習をする，と言い換えることができるかもしれません。ADHD およびその傾向がある人が体験する困難は，“注意欠如・多動症”の名の通り，注意を向けたい時に向けたい対象に必要なだけ向ける，という作業が苦手であることから生じているといえます。したがって，ADHD に対するマインドフルネスは，ADHD の中核的な問題である「注意機能」をダイレクトに扱った介入法であるといえ，注意を向けたいところへ向けたり，別の対象に切り替えたり，体験と自分自身との距離を調節できるようになることを目指して実践を積んでいきます。

　ところで，Barkley 博士と Brown 博士は，ADHD やその傾向がある人に生じる困難を「実行機能」不全の側面から説明することに尽力してきました。実行機能とは，五感（見る，聴く，触る，嗅ぐ，味わう）を介して外部から得た情報をもとに物事の現状を認識したり，言葉を操ったり，計算・学習・記憶を行ったりする機能——いわゆる認知機能——を統合し，物事の優先順位をつけたり，問題を解決したり，作業を完了する手順を組み立てたりすることを担っている高次の脳機能を指します。これらの機能はそれぞれの刺激に注意を向けたり，その注意を別のところに向けなおしたり，注意を切り替えて目の前の作業に集中したりすることで成り立つ，という点から，先に説明した"注意機能"と密接に結びついているといえます。したがって，注意を向ける先を定めるという能力が，五感からの情報や自身の中で湧いてきた感情，想起された記憶を取捨選択して整理し，その上で方向性を決定し，実際に何かを実行することを可能にするわけです。つまり，注意機能を鍛えることが，実行機能が上手く働くことにつながっていく，といえるのです。実行機能は，学齢が進むにつれて発達していくことは明らかです。年齢を重ねるごとに，より複雑な問題を解決し，タスクを整理し，必要なところに注意を向け，判断を下し，時間を管理し，感情を制御し，ワーキングメモリ（作業や動作に必要な情報を一時的に記憶・処理する能力）を用いることができるようになるのです。

　一般的に，ティーンエイジャーはその実行機能が試される時なのだと著者は言います。なぜなら，まだ小さいからと大人が手を差し伸べてくれる時期を過ぎ，学校の課題も友人関係もより複雑になって，実行機能を本格的に使う機会が多くなるからです。ところが，ADHD の傾向を持つ若者は，実行機能がバランスよく作動しにくいと説明できますから，その傾向を持たない若者に比べて苦しみが多くなることが予想されます。本書は，マインドフルネス実践が注意機能に対する訓練となることを通じて実行機能を伸ばすのに役立つことをわかりやすく説明しています。また，学生なら直面せざるを得ない"期限内に学校の宿題や課題をやり遂げる点"に多くのページを割き，具体的な方法を提示しています。なぜなら，期限内に宿題をやりきる，という作業は，ADHD の傾向がある学生にとっては障壁になりやすい要素をたくさん含んでいるからです。さらには，ADHD 傾向を持つ者にしばしばみられる"感情に翻弄されやすい点"についても特に取り上げて，自身の感情と上手く付き合うコツについて丁寧に扱っています。日々，密かに ADHD の傾向に苦しんできた若者にとっ

ては，本書が自分の気持ちを代弁してくれている感覚を持ち，さらには，具体的な解決策を提示してくれていることに光が差しこんでくるような安堵の感覚を持つことでしょう。

　さらに，"マインドフルな状態になる"（価値判断を含めずに"今この瞬間"の対象に注意を向ける）体験を重ねていくことの意義として，注意機能を訓練する側面以外にも重要な点があります。それは，ものごとを受け入れる余裕が芽生えてくるという点です。"先入観を横に置いて，今，目の前にあるものに目を向けようとする実践"を続けていると，いつの間にか，対象そのものと自分の感じ方や認識との間に距離が生まれるようになり，距離が近いときは見えなかった対象の別の側面に気づきやすくなる，というわけです。マインドフルネス実践で注意を向ける対象は，周囲の物理的な環境に始まり，周囲の人たち，そして自分自身の体，感情，考えに及びます。幼少期に ADHD の診断を受けた人たちはもとより，本人も周囲の大人も気が付かないでいたけれど，ADHD 傾向のために大人たちから叱責される機会が多い状況で育った若者の中には，自己嫌悪や周囲への怒りをためている人たちが少なくありません。そのような若い人たちがマインドフルネスの練習を重ねることによって，自分自身や周囲の環境，人々の中に，今まで見えなかった新たな側面を発見し，それらを受け入れる気持ちが芽生え，結果として，彼らの生活の中に"充実した""納得した""おだやかな"感覚が増えていくことが期待できます。

　本書におけるマインドフルネスの学習・実践の一連の流れは，著者の Melissa 先生により ANCHORED（アンカード）法と名付けられています。最後に，Melissa 先生の言葉をひとつご紹介したいと思います。

　　「『ANCHORED（アンカード）法』を考案するにあたって，私が目標としたことのひとつは，青年期の若者たちが生涯にわたって経験する ADHD に関連するすべての困難に対処するために必要なツールを提供することでした。『ANCHORED（アンカード）法』では，若者が ADHD とともに生活しながら，さらに集中力を高め，機能的になり，幸せになることができる方法に光をあてることを重視しています」

　ANCHORE（アンカー）とは「錨」，それは，安定，強さ，希望を象徴しています。本ワークブックが，これまで理解されないように感じてきた多くの学

生の福音書になることを願い，今よりも生活上の具体的な苦痛が減り，今よりも世界に心を開いて生きやすくなることを心より願っています。

中野有美

■監訳者略歴

中野有美（なかの・ゆみ）

南山大学人文学部心理人間学科教授／保健センター長。

愛知県生まれ。名古屋市立大学医学部卒業と同時に，同大学の精神医学教室に入局。その後，同大学の大学病院専門外来でパニック障害や社交不安障害の認知行動療法を実施する傍ら，2004 年，同大学大学院精神認知行動医学分野博士課程修了，博士（医学）を取得。同大学大学院人間文化研究科教授を経て，現在に至る。日本認知療法・認知行動療法学会役員，Academy of Cognitive Therapy の認定治療者，認定評価者。2011 年より始まった厚生労働省うつ病の認知行動療法研修事業にコアスーパーヴァイザーとして携わる。現在は，南山大学保健センター長，産業医，学校医の立場から予防精神医学の実践，不適応を起こしている学生への対応，合理的配慮の概念啓蒙や実戦統括を担っている。

■訳者略歴

勝野飛鳥（かつの・あすか）

南山大学保健センター助教（臨床心理士・公認心理師）。河合塾 KALS 名駅校講師（心理系英語）。

三重県出身。1986 年名古屋大学文学部哲学科（心理学専攻）卒業後，1991 年から公立高校教諭（英語科）。校務分掌として，スクールカウンセラー担当など教育相談を経験する。2006 年，夫の米国赴任帯同を機に退職。帰国後は常勤講師として高校に勤務しながら臨床心理士資格取得を目指し，2019 年名古屋市立大学大学院人間文化研究科博士前期課程（臨床心理コース）を修了。南山大学保健センター特別修学支援室コーディネーターを経て，2020 年より現職。障害学生支援，学生相談を中心に保健センターの業務を行っている。河合塾 KALS 名駅校では，大学院受験のための心理系英語を担当している。

ADHD の若者のためのマインドフルネスワークブック

あなたを "今ここ" につなぎとめるために

2023 年 3 月 1 日　印刷
2023 年 3 月 10 日　発行

著　者　メリッサ・スプリングステッド・カーヒル
監訳者　中野有美
訳　者　勝野飛鳥
発行者　立石正信
装丁　臼井新太郎
装画　大島千明
印刷・製本　シナノ印刷

株式会社　金剛出版
〒 112-0005　東京都文京区水道 1-5-16
電話 03 （3815） 6661 （代）
振替 00120-6-34848

ISBN978-4-7724-1947-5　C3011　　　　　　　　Printed in Japan ©2023

若者のための認知行動療法ワークブック
考え上手で，いい気分

[著]=ポール・スタラード
[監訳]=松丸未来　下山晴彦　[訳]=浅田仁子

●B5判　●並製　●256頁　●定価 **3,080** 円
● ISBN978-4-7724-1760-0 C3011

中学生以上の思春期・青年期を読者対象とした
認知行動療法ワークブック。
ワークシートを使って
CBT を身につけていく。

子どものための認知行動療法ワークブック
上手に考え，気分はスッキリ

[著]=ポール・スタラード
[監訳]=松丸未来　下山晴彦

●B5判　●並製　●288頁　●定価 **3,080** 円
● ISBN978-4-7724-1749-5 C3011

小・中学生を対象とした
子どものための認知行動療法ワークブック。
子どもでも理解できるよう平易に解説。
ワークシートを使って段階的に CBT を習得できる。

マインドフルネスのはじめ方
今この瞬間とあなたの人生を取り戻すために

[著]=ジョン・カバットジン
[監訳]=貝谷久宣　[訳]=鈴木孝信

●A5判　●並製　●200頁　●定価 **3,080** 円
● ISBN978-4-7724-1542-2 C3011

読者に考えてもらい
実践してもらうための
簡潔な言葉と５つのガイドつき瞑想で
体験的にマインドフルネスを学べる入門書。

価格は 10％税込です。

セルフ・コンパッション 新訳版
有効性が実証された自分に優しくする力

[著]=クリスティン・ネフ
[監訳]=石村郁夫 樫村正美 岸本早苗 [訳]=浅田仁子

●A5判 ●並製 ●322頁 ●定価 **3,740** 円
● ISBN978-4-7724-1820-1 C3011

セルフ・コンパッションの実証研究の
先駆者である K・ネフが，
自身の体験や学術的知見などを踏まえて
解説した一冊。新訳版で登場！

ティーンのための
セルフ・コンパッション・ワークブック
マインドフルネスと思いやりで，ありのままの自分を受け入れる

[著]=カレン・ブルース
[監訳]=岩壁 茂 [訳]=浅田仁子

●B5判 ●並製 ●180頁 ●定価 **3,080** 円
● ISBN978-4-7724-1888-1 C3011

強い怒り，失望，恥，孤独など，
さまざまな感情を抱える心の中を理解し，
それをうまく扱うためのセルフ・コンパッションの手引き。

コンパッション・マインド・ワークブック
あるがままの自分になるためのガイドブック

[著]=クリス・アイロン エレイン・バーモント
[訳]=石村郁夫 山藤奈穂子

●B5判 ●並製 ●380頁 ●定価 **3,960** 円
● ISBN978-4-7724-1804-1 C3011

コンパッション・マインドを育てる
具体的なステップと方法が学べる，
コンパッション・フォーカスト・セラピーの
実践「ワークブック」。

価格は 10％税込です。

大人のADHDのためのマインドフルネス
注意力を強化し，感情を調整して，目標を達成するための
８つのステッププログラム

[著]=リディア・ジラウスカ
[監訳]=大野裕 中野有美

●A5判 ●並製 ●232頁 ●定価 **3,520** 円
● ISBN978-4-7724-1851-5 C3011

ADHD でみられる特徴に悩んでいる人に
役立つツールとしてマインドフルネスを紹介。
実践方法を解説した CD 付！

子どもが楽しく元気になるための
ADHD 支援ガイドブック
親と教師が知っておきたい９つのヒント

[著]=デシリー・シルヴァ ミシェル・トーナー
[監訳]=辻井正次 鈴木勝昭

●四六判 ●並製 ●208頁 ●定価 **2,420** 円
● ISBN978-4-7724-1925-3 C3037

注意欠如・多動症（ADHD）の科学的根拠に基づいた
正しい知識と子育て・支援のヒントを，
Q & A でわかりやすく身に付けよう！

コーピングのやさしい教科書

[著]=伊藤絵美

●四六判 ●並製 ●220頁 ●定価 **2,420** 円
● ISBN978-4-7724-1827-0 C0011

自分に合ったストレス対処法が
きっと見つかる！
５つのレッスンでやさしく学べる
自分を助ける（セルフケア）コーピングの技術。

価格は 10%税込です。